AF536702

Jochen Kirchhoff – Das kosmische Band
Der Mensch und seine Bedeutung für das Ganze

Umschlaggestaltung: Nele Hybsier unter Verwendung
einer Fotografie von Anselm Spring (www.anselmspring.com)
Foto Rückseite: Ulrike Hohmuth
Layout, Satz und Herstellung: www.humantouch.de
Druck und Bindung: Finidr, s.r.o., Český Těšin
Printed in Czech Republic

ISBN 978-3927369-53-5

EDITION HAGIA CHORA

Jochen Kirchhoff

Das kosmische Band

Der Mensch und seine Bedeutung für das Ganze

Anhang

1 „Four-in-one“

Oder vom inneren Zusammenhang und Zusammenhalt der Tetralogie Eine Vorrede

Vier meiner Bücher zur Naturphilosophie und Kosmologie sowie zur Anderswelt und zu Fragen des Bewusstseins – entstanden in den Jahren 1998 bis 2003 – stellen eine höhere Einheit dar, die im klassischen Sinn als Tetralogie zu bezeichnen wäre, also als vierteiliges Opus.

Das Konzept eines übergreifenden Werks in mehreren Bänden (zunächst war an eine Trilogie gedacht) war zwar von Anfang an als Leitgedanke präsent, allerdings in eher lockerer Bauform, so dass jeder Einzelband auch für sich stehen und ohne die anderen Bände verständlich sein sollte. Das gilt auch für den vorliegenden eher schmalen Band, der mit Blick auf die Tetralogie als eine Art Trailer oder Reader dienen kann, vielleicht auch als Klammer, der aber doch mehr als nur hinführende oder dienende Funktion hat. Er ist zugleich ein Buch eigenen Zuschnitts, ein Essayband zu den Kernthemen des Vierteilers.

Einen geeigneten Titel zu finden, der als Dach zu den vier Büchern und dem vorliegenden „Zusatzband“ fungieren konnte, erwies sich als schwieriger, als zunächst angenommen. Mehrere Titel wurden von mir erwogen, dann aber wieder verworfen. Erst als der Biologe Manfred Ade – ein guter Kenner der Tetralogie – vorschlug, das Ganze unter dem Etikett „Das kosmische Band“ zusammenzufassen, war ich überzeugt, den richtigen Titel gefunden zu haben, der nun auch für den Essayband in seiner Rolle als Klammer, Trailer oder Reader ins Spiel kommt.

Wer die vier Bände liest, wird schnell erkennen, dass er es mit einem Geflecht von Grund- und Kernthemen zu tun hat; es mögen deren zwölf sein. Ob man hier von „Leitmotiven“ sprechen kann, sei dahingestellt, aber möglich wäre es. Diese Grund- und Kernthemen werden vielfältig variiert, wechselseitig zueinander in Beziehung gesetzt, ausgeleuchtet und dann wieder fast ganz zurückgenommen, zu neuen Mustern und Figurationen verbunden, verdrillt und wieder aufgelöst, beschleunigt und verlangsamt. Es entsteht ein vielfarbiger Thementeppich. Und manche Muster entbergen sich erst bei erneuter Lektüre.

Alle vier Bücher – und damit auch deren Grundthemen – haben eine lange Vorgeschichte. Für den zweiten Band „Räume, Dimensionen, Weltmodelle“ (1999 bei Diederichs erschienen, ab 2001 im Drachen Verlag) – habe ich einen Teil der Vorgeschichte in dem eigens für die Neuausgabe abgefassten Nachwort umrissen, in knappster Form, eher als Zugabe zur Wirkungsgeschichte, um die es primär geht. Der Gedanke, ein Buch über die ökologische Krise zu schreiben, das vor allem die Bewusstseinsdimension heraushebt, geht in die 1980er Jahre zurück. Ich gewann früh den Eindruck, schon in den 1970er Jahren, dass die gesamte Ökologiedebatte flach und verengt geführt wird. Da wollte ich einen neuen und anderen Akzent setzen, der auch den der sogenannten Tiefenökologie übersteigt. Dann erhielt ich überraschend im Jahr 1997 die Gelegenheit, für den Lübbe Verlag ein Buch über Tiefenökologie zu schreiben. Ich schrieb das Werk im Frühjahr 1998, und ein halbes Jahr später wurde es auf der Buchmesse präsentiert. Die öffentliche Resonanz von „Was die Erde will“ blieb hinter den hohen Erwartungen des Verlags zurück. Und im Frühjahr 2009 erschien das Buch dann in einer Neuausgabe im Drachen Verlag.

Grenzüberschreitende und ins Kosmische hineinreichende Erfahrungen haben mich über Jahrzehnte hinweg interessiert, auch mit Blick auf die Frage: Was ist sprachlich vermittelbar bzw. wie weit reicht die Sprache? Früh begriff ich mit Erstaunen: Viele stellen sich dieser Frage gar nicht; sie ist ihnen fast lästig. Auch interessierte, ja beunruhigte mich die Frage nach der Wirklichkeit derartiger Trans-Erfahrungen – egal erst einmal, wie sie jeweils im Einzelfall zustande kommen. Psychologie war mir entschieden zu wenig, ich wollte überprüfbare Ontologie, und dies jenseits von vorgestanzten Ideologien, die mehr oder weniger alle dazu neigen, grenzüberschreitende Bewusstseinsphänomene in ihrem Sinn einzuordnen, sie quasi einzufrieden und damit irgendwie kleinzumachen. Auch die Frage der Pathologie beschäftigte mich: Wie lassen sich die Wahnelemente von den ontologisch tragfähigen Elementen absondern?

> Welche Unterscheidungskriterien haben wir außer der je eigenen Ideologie oder Weltanschauung?

Mir war klar, dass hier primär die Philosophie gefragt ist, neben einer Bewusstseinsphänomenologie, die sich auch der Sprache verpflichtet weiß, ihrer Genauigkeit, Geschmeidigkeit und nicht-reduzierbaren Lebendigkeit. Das schließt das Sich-Ergehen in den üblichen Jargons und den Szene- oder Fachsprachen aus. Man weiß es zur Genüge: Jede Sprachlichkeit, die einer bestimmten Szene oder einem bestimmten Spezialfach verhaftet ist, wird schnell zum öden Gerede, das das zu erfassende Phänomen fast unkenntlich macht. Begriffe setzen sich an die Stelle der erfahrbaren und erfahrenen Realität. Besonders gilt dies für die Naturwissenschaften, in zweiter Linie für die Religionen.

Nun leben wir in einer Zeit, in der ein vertiefteres Denken, das sich den Großideologien verweigert, einen verschwindend geringen Kurswert hat, während fast jeder mit Macht und Medien vorgetragene Wahn sofort ein Heer von Claqueuren hervorruft, „Mitläufer“ ist ein negativ besetzter Begriff; keiner hört es gern, wenn ihm dieses Etikett angeheftet wird. Aber die schlichte Realität ist die, dass ohne Mitläufertum, das stets auch mit einem Kotau vor dem jeweiligen Zeitgeist und den gerade herrschenden Trends verbunden ist, der soziale Kitt fehlen würde, der den atomisierten Einzelnen einen Rest von Zusammenhalt und Gemeinschaft verschafft.

Parallel zu meinem zunächst für den Diederichs Verlag geplanten und dann auch realisierten Projekt einer Grundlagenkritik der herrschenden Naturwissenschaft auf der Basis einer alternativen Kosmologie gab es das „Anderswelt-Projekt", das unter dem Arbeitstitel „Physik der Anderswelt" diskutiert wurde. Bevor meine „Impulse für eine andere Naturwissenschaft" dann im September 1999 bei Diederichs erschienen, begann ich mit der Niederschrift meiner „Physik der Anderswelt", wobei ich mehr oder weniger davon ausging, dass der Diederichs Verlag das Buch nach den „Impulsen" herausbringen würde. Darin sah ich mich getäuscht. Ich schrieb das Anderswelt-Buch ohne Vertrag, hoffte aber, diesen irgendwann zu erhalten. Ohne diese Hoffnung hätte ich vielleicht das Projekt aufgegeben oder auf einen späteren Zeitpunkt vertagt, zumal ich wusste, dass ich nach dem Erscheinen meines Kosmologie-Buchs mit dessen öffentlicher Wirkung konfrontiert sein würde, was nicht ohne erhebliche Rückwirkungen auf meine eigene Situation bleiben konnte. So war es dann auch.

Von Juli 1999 bis April 2000 dauerte die Abfassung der „Physik der Anderswelt". Ab Sommer 2000 war klar, dass der Diederichs Verlag das Buch nicht bringen würde. Fast hätte es dann der Böhlau Verlag in Wien und Köln herausgebracht. Erst im Mai 2001 trat der Drachen Verlag auf den Plan, von dessen Existenz ich gar nichts wusste. Ich hatte Johannes Heimrath das Manuskript mit der Bitte übersandt, es an den AT Verlag zu vermitteln. (Das war wie eine Vorausahnung der späteren Zusammenarbeit von AT Verlag und Drachen Verlag.) Zum AT Verlag passte das Buch nicht, aber Johannes Heimrath wollte es herausbringen. Im Frühjahr 2002 unterzog ich den Text, der nun den Titel „Die Anderswelt" trug, einer Selbstlektorierung, die vor allem auf einer erheblichen Kürzung beruhte. So erschien das Werk Ende August 2002 im Drachen Verlag.

Anfang 2003 kam die „Erlösung der Natur" als Buchprojekt für den Drachen Verlag auf die Agenda. Ich schrieb das Buch vom Mai bis zum November 2003. Die Tetralogie war jetzt für mich eine Leitgröße und mir als solche während der Niederschrift der „Erlösung der Natur" gegenwärtig. 1985 bis 1987 hatte ich schon einmal den Versuch unternommen, das große und ja abgründige Thema der Naturerlösung, das mich in der Tiefe gepackt hatte, in einem philosophischen Grundlagenwerk abzuhandeln. Ich schrieb den Text ohne Vertrag, zunächst nur für mich und zur Selbstverständigung, obwohl ich nicht daran zweifelte, dafür einen geeigneten Verlag zu finden.

Im Frühjahr 1987 nahm ich Kontakt zum Kösel Verlag auf, der signalisierte, dass er das Buch eventuell bringen würde. Im Zug dieser Verhandlungen entstand das Projekt eines Musik-Buchs, das dann unter dem Titel „Klang und Verwandlung" Im Februar 1989 bei Kösel erschien (jetzt auch als Neuauflage seit 2010 im Drachen Verlag).

Ich war fast froh, als dann die Veröffentlichung meiner „Erlösung der Natur" bei Kösel scheiterte; auch die wenigen anderen Verlage, denen ich das Manuskript anbot, winkten ab. Ich gewann zunehmend den Eindruck, dem Thema nicht gerecht geworden zu sein. Ich musste zu einem späteren Zeitpunkt ein ganz neues und anderes Buch zur Naturerlösung schreiben. Dass es dann so viele Jahre dauern würde, ehe es dazu kam, ahnte ich nicht.

Meine erste Einzelvorlesung an der Humboldt-Universität, am 12. November 1990 als Gast in der Vorlesungsreihe Rudolf Bahros (mir unvergesslich, im vollbesetzten Audimax), hatte den Titel: „Erlösung der Natur als Programm. Hat dieser verwegene Gedanke Schellings eine aktuelle Pointe?" Später habe ich dann einmal ein ganzes Semester (Sommer 1993) dem Thema der „Erlösung der Natur" gewidmet. – Doch das alte Buchmanuskript zur Naturerlösung blieb unveröffentlicht. Ich legte es zur Seite und zog es auch bei der Abfassung der zweiten „Erlösung der Natur" im Jahr 2003 nicht heran. Ich wollte mich nicht blockieren lassen durch diesen Text, den ich in der Grundanlage nicht mehr gutheißen konnte.

Nur vergleichsweise wenige Leser haben die Tetralogie, die mit der „Erlösung der Natur" gegeben war, als solche und als ganze wirklich rezipiert. Das ist sicherlich auch dem Umstand geschuldet, dass das Erde-Buch und das Kosmologie-Buch zunächst in jeweils anderen Verlagen erschienen waren und ohnehin eine ganz eigene und von den anderen beiden Büchern völlig unabhängige Wirkungsgeschichte hatten. Überhaupt lässt sich sagen, auch nachdem nun alle vier Bände im Drachen Verlag vorliegen, dass jedes Buch primär für sich und als es selbst wirkte, und dies mit einer gewissen Ausschließlichkeit.

Das ging teilweise soweit, dass beispielsweise begeisterte Leser von „Was die Erde will" sich den anderen Büchern verweigerten, so als seien diese gar nicht vorhanden. Ich musste das zur Kenntnis nehmen, obwohl ich es nicht verstand. Auch gab es ausgesprochene „Fans" meiner „Impulse für eine andere Naturwissenschaft" („Räume, Dimensionen, Weltmodelle"), die das Erde-Buch, wenn sie es überhaupt gelesen hatten, eher abschätzig beurteilten, so als sei es nur eine Art Vorstudie ohne höheres Eigengewicht. Und solche, die die „Anderswelt" fast mit Achselzucken quittierten und sich seltsam gequält gerierten, wenn sie genötigt waren, sich dazu zu äußern. Was sie nicht daran hinderte, mein Kosmologie-Buch zu preisen. Das gab es auch, bezogen auf diese beiden Bücher, in der gerade entgegengesetzten Spielart. Und so fort. Ich muss und will die vielen Varianten, von denen ich Kenntnis genommen habe, hier nicht weiter erörtern.

Dass man als Leser bei einem Autor seinen oder seine Favoriten hat, während man andere Werke desselben Autors nicht in gleichem Maß schätzt, ist vergleichsweise häufig und sozusagen zu erwarten. Im Fall des Vierteilers – egal, ob dieser nun als solcher zur Kenntnis genommen wurde oder eben nicht – hat mich immer wieder erstaunt, wie groß die jeweiligen Divergenzen in der Rezeption und der Wertung waren. Die Grundthemen der vier Bücher greifen doch vielfältig ineinander, gehen geradezu auseinander hervor. In dem Erde-Buch werden Motive der „Anderswelt" vorgestellt und variiert, auch Elemente der späteren „Impulse für eine andere Naturwissenschaft" (etwa in der Kritik am Urknall-Universum) und, auch das, Facetten des Naturerlösungsthemas, die sich wie ein roter Faden durch das Werk ziehen. „Räume, Dimensionen, Weltmodelle" präludiert „Anderswelt"-Themen, ja ist ohne diese gar nicht denkbar.

In jedem der vier Bücher sind die jeweils anderen quasi enthalten, und durchaus als integrale, als konstituierende Teile.

Aus all dem lässt sich schließen, dass es geradezu geboten ist, dem Übergreifend-Verbindenden der vier Bücher und damit zusammenhängend auch den (zwölf) Zentralthemen in diesem Zusatzband besondere Aufmerksamkeit zu widmen, kurz: deutlich zu machen, dass wir es beim „kosmischen Band" mit einer genuinen Vierheit zu tun haben und erst sekundär mit vier Einzelbüchern, die aus einem späteren und höheren Blickwinkel heraus nun zu einer Tetralogie zusammengeführt wurden. Dies soll und wird den weiteren Gang meiner Ausführungen in diesem Zusatzband bestimmen, ohne dass nun dieser den Part eines den anderen Büchern ebenbürtigen oder gleichberechtigten Teils der höheren Ganzheit einnehmen kann. Anders gesagt: Der Zusatzband macht den Vierteiler nicht zum Fünfteiler– oder nur mit größten Einschränkungen.

Gleichwohl ist es mir wichtig (und anders geht es wohl gar nicht), dass das Zusatzbändchen auch für sich und aus sich heraus lesbar sein muss. Es hat gewiss primär eine dienende Funktion, es führt hin und zusammen, aber: Es ist zugleich ein Werk eigener Wertigkeit, das auch demjenigen, der den Vierteiler (noch) nicht gelesen hat, „etwas bringt". Und da dies so ist, werde ich die behandelten Themen musikalisch-essayistisch präsentieren und variieren. Dabei wird mancher Akzent gesetzt, der in dem Vierteiler nur am Rand Erwähnung findet (etwa mit Blick auf das riesige Feld der Zahlen). Vieles wird variierend aufgegriffen und dadurch sozusagen mantrisch verstärkt. Das ist auch deswegen erforderlich, weil um mich herum, im überwiegenden Teil der sogenannten Öffentlichkeit, ein so gründlich anderes, ein „garstig Lied" gesungen wird, und dies ständig, ohne Unterlass. Da setze ich „mein Lied" dagegen.

Ich will es unmissverständlich sagen: Ein erheblicher Teil dessen, was ich hier zur Sprache bringe, steht dem Mainstream schroff und antipodisch gegenüber, auch dem der modernen Naturwissenschaft und Kosmologie. Zugleich steht es außerhalb der meisten religiösen und spirituellen Strömungen.

Deshalb hängt es nicht im luftleeren Raum, treibt nicht im Weg- und Richtungslosen. Im Gegenteil. Es hat seine klare Verankerung, seine Herkunft (*arché*) und sein Ziel (*telos*). Meine Bücher, auch die noch unveröffentlichten, lassen daran keinen Zweifel. Wen ich verehre, von wem ich etwas gelernt habe und wem ich mich verpflichtet fühle, kommt klar zur Sprache. Jeder meiner Leser weiß, dass da die Philosophen und Kosmologen Giordano Bruno (1548–1600) und Helmut F. Krause (1904–1973) einen hohen Rang einnehmen. Aber es gibt auch andere Wegweiser: Buddha Shakyamuni, Mengzi (Menzius) und Mahatma Gandhi wären hier aus dem asiatischen Raum beispielhaft zu nennen …

Als mir Manfred Ade seinen Titelvorschlag unterbreitete – „Das kosmische Band“ –, dachte ich spontan an den kosmischen Bund (Altes Testament, Lurianische Kabbala, Regenbogen, Gesetz …). Sekundär an eine Stelle in Goethes Faust. In der berühmten Schülerszene sagt Mephistopheles zu dem Schüler:

> „Wer will was Lebendigs erkennen und beschreiben,
> Sucht erst den Geist heraus zu treiben,
> Dann hat er die Teile in seiner Hand,
> Fehlt, leider! nur das geistige Band.“[1]

So ist es der abstrakten Naturwissenschaft ergangen. Die Teile hat sie in ihrer Hand (und das ist schon sehr wohlwollend betrachtet), doch „das geistige Band“ ist abwesend, so sehr auch der gegenteilige Eindruck erweckt werden soll, unter Verweis auf die Messgeräte, Apparate, die Teleskope und die mathematisch-analytischen Deutungsmethoden und ähnliches. Doch es hilft nichts: „Das geistige Band“, es ist nicht auszumachen, auch bei bestem Bemühen nicht. Vielmehr wirkt der mathematisch-technische Formalismus tot. Kein Wunder, dass ihm das tosende Leben um ihn herum (das im Weltall und auch das auf der Erde) schlicht entgeht; es fällt durchs Raster. Schon das Ahnen von diesem Kosmisch-Lebendigen wäre ein Störfaktor für das muntere und allseitig beklatschte Messen mit dem Ziel immer größerer Abstraktion und Verallgemeinerung.

Statt von einem nur geistigen Band lässt sich auch vom „kosmisch-geistigen Band“ sprechen. Damit erhält das Kosmische eine geistige und das Geistige eine kosmische Dimension.

Und da berührt sich das Band mit dem Bund. Alles Nur-Draußen (etwas anderes kennt die moderne Naturwissenschaft nicht) wird hier zum Drinnen, zum kosmischen Innen oder Innenraum, der die Seele mit der Weltseele verbindet (Bruno, Schelling, Krause). Die gähnend-saugende Leere des Immer-Weiter in trostloser Ödnis, wie sie die Mainstream-Kosmologie propagiert und bewiesen zu haben meint, enthüllt sich als gigantische Phantasmagorie, es schwindet die kosmische Verlorenheit des Menschen als Quasi-Nichts und Treibgut im All; zumindest wird eine anthropologische Möglichkeit erkennbar, womit noch nicht deren tatsächlich errungene Wirklichkeit gegeben ist. Dazu bedarf es einer Bewusstseinsanstrengung ganz eigener Art.

Also spreche ich vom kosmischen Band im Sinn einer kosmisch-geistigen Verbindung. Davon künden die vier Bücher, und davon soll auch in dem vorliegenden Buch die Rede sein.

In einem längeren Text mit der Überschrift „Das Kosmische Band – Impulse für eine natürliche Spiritualität und eine Biologie, die diesen Namen verdient“ setzt sich der Titelgeber der Tetralogie, der Biologe Manfred Ade, mit meiner Naturphilosophie auf ganz eigene Weise auseinander. Er nennt diese Auseinandersetzung „Eine Lesart des Werkes von Jochen Kirchhoff“. Ich bringe einige Passagen aus dem Text, ohne sie nun meinerseits zu kommentieren:

„Man muss fühlen und denken können, ohne in die übliche Dissoziation beider Bereiche abzugleiten. Hier stoßen wir auf ein Tremendum, das mich bei der Lektüre von Kirchhoff hat aufhorchen lassen. Entscheidend ist die Bereitschaft, sich auf die Naturerfahrung, unter Wahrung intellektueller Redlichkeit, einzulassen. Wobei die persönlich-leibliche und seelische Dimension eingerechnet bleibt. Man könnte von einer Erotisierung des Denkens sprechen. Die Gefühlsebene ist daher nicht als Anhängsel privater Meinung zu betrachten, sondern als konstitutives Moment des Denkens selbst. Damit wird der einzelne mit seinem Befinden nicht in eine abstrakte, vielleicht sogar therapeutische Dimension verschoben, sondern wenigstens potenziell zur bedeutsamen Größe. Es ist nicht primär das sprachliche Kleid, der formale Inhalt, den Kirchhoff eloquent, substanziell, transparent und äußerst lesbar entwickelt, worauf es ankommt. Wer Kirchhoff nur wie einen Sachbuchautor liest, der ist in bezug auf seine Mitteilungen hoffnungslos verloren. Man muss Kirchhoff auf jener ‚Frequenz‘ seines erlebenden und nachdenkenden Subjektes lesen. Dabei liegt keine Mystik oder anregende Fantastik vor. Kirchhoff hält sich so hart wie möglich an die Fakten, dekonstruiert die rationalistischen Setzungen, ohne dabei eine umfassende Vernunft aufzugeben. Und eben mit dieser anderen Vernunft erschließt er die ‚Innenseiten‘. Für mich erfasst Kirchhoff ziemlich genau das, was Nietzsche als die Innenseite oder den ‚Willen zur Macht‘ in allen Dingen/Personen/Ereignissen experimentell andenkt.

In allem, was geschieht, will sich etwas zeigen und wirkenden Ausdruck erlangen. Nur das bewegte und damit bewegliche Subjekt kann diese Innenseiten oder Gestalten darstellen. Nur dieses bewegte Subjekt wäre demmach in der Lage, die relevanten Wirklichkeitsschichten als umfassende Gestalten zu erfassen. Für Kirchhoff sind eben diese Gestalten Verweise auf die wirkliche Wirklichkeit. Anders als Nietzsche, der der Metapysik zu entrinnen versuchte, dies aber nicht wirklich geschafft hat, verliert Kirchhoff bewusst nicht den andersweltlichen und spirituellen Bezug. Es existiert für ihn eine geistige Dimension, die sich im Wandel der Dinge nicht verliert und impulsgebend wirkt. [...]

Das kosmische Band ist der inneren Bewegung geschuldet, die in mir bei der Lektüre von Kirchhoff ausgelöst wird. Vereinfacht ausgedrückt, vermittelt

Kirchhoff seine eigene Bewegung auf der Grundlage nachvollziehbarer Naturerfahrungen, die sich auf der Folie der reflektierenden Vernunft darstellen. Was ich subjekttreu erforsche, höre, nachvollziehe, ist dabei so lebendig, wie ich selbst dabei werde (und bin). So erscheint mir der Kosmos nicht als tote Maschinerie, sondern als etwas, das mich, vermittelt durch mich selbst, in der Tiefe angeht und ‚meint'. Das ist das Band, das sich seelisch und geistig erschließen lässt und mich dem Kosmos zuordnet. [...]

Hier könnte das Moment eines völlig anders gelagerten Naturschutzes heraufdämmern. Das sterile Abzählen aussterbender Arten, das Lamentieren über Aussterberaten, das Einrichten von Reservaten und die vielen Berichte, die den Menschen letztlich in der Tiefe gar nicht erreichen, haben nicht die Kraft, sich grundsätzlicher gegen die megamaschinelle Walze zu stellen. [...]

Das Band ist ‚magisch' in dem Sinn, als es die Bereitschaft voraussetzt, eine tiefe und nur so wirksame Verbundenheit von Mensch, Natur und Kosmos seelisch-geistig und aus der eigenen Erfahrung heraus zu verwirklichen, um das Geheimnisvolle in mir und in der Welt als Ursache meines Strebens nach Welterkenntnis und auch Bemeisterung der Welt zu nehmen. [...]

Das kosmische Band bleibt nicht bei einer nur persönlichen Wirklichkeitserfassung stehen. Eine kühne, in Anbetracht der Selbst-Entfremdung des Menschen von sich selbst und der Natur gerechtfertigte Erinnerung/Einholung/Aktualisierung des abendländischen philosophischen Erbes verweist bei Kirchhoff darauf, dass der in seiner Selbst-Wirklichkeit stehende Mensch, einzeln und vernetzt, einen aktiven Posten darstellt im sehr lebendig und seelisch gedachten Wandlungsgeschehen der Natur selbst. [...] Dies drückt sich für mich bei Kirchhoff im Sinn seines im Kontext mantrisch gesetzten Denkansatzes aus, der da lautet: Du zählst. Du bist ‚gemeint', auf dich ist gerechnet. [...]“

2 Zwölf Aspekte des „kosmischen Bands“
Zum Themengeflecht der Tetralogie

Ich sprach von zwölf Hauptthemen dieser Tetralogie. Hier sind sie in additiver Form, also ohne logische Unter- und Überordnung, verbunden jeweils mit einer spezifischen Fragestellung:

1. *Das Mensch-Kosmos-Verhältnis in seiner Grundkonstellation.* Sind wir sinnlos Heraufgewirbelte aus der kosmischen Nacht, oder haben wir die Würde einer sinnvollen und „gemeinten“ Existenzform im Universum? Wie sind wir, kosmisch gesehen, angelegt? Kümmert sich der Kosmos um uns, oder sind wir ihm gleichgültig? Agieren wir auf einem kosmischen Forum, das so lebendig ist wie wir selbst, oder bleiben wir prekäre Nischenwesen, Verbannte letztlich, Exilierte, zufällig lebendige Quasi-Nichtse? Das führt auf das zweite Thema:

2. *Struktur und Sinn des Kosmos.* Die Frage der Kosmologie. Wie ist der Kosmos überhaupt beschaffen? Was sind die Gestirne in der näheren und weiteren Umgebung? Ist eine Grundlagenkritik der physikalischen Kosmologie möglich? Sind die „Sonnen“ glühende Gasbälle, wie behauptet wird, oder sind es belebte Großorganismen?

3. *Gravitation und Licht.* Was ist die Schwere, wie entsteht sie? Was ist das Licht, wie kommt es zustande?

4. *Struktur, Wesen und Entwicklung des Bewusstseins.* Dazu gehört zentral die Ich-Frage. Wer oder was ist „Ich“? Und die Frage nach den höheren, den transpersonalen, ins Kosmische oder Geistig-Kosmische hineinreichenden Bewusstseinszuständen.

5. *Die Wirklichkeit hinter der Wirklichkeit.* Ruht die empirische Realität auf einer anderen und höheren Realität, die sie zugleich durchdringt, ja ermöglicht? Gibt es so etwas wie eine „Anderswelt“, eine höhersinnliche Wirklichkeit, die vielleicht unsere eigentliche Quellsphäre und auch Heimstatt ist?

6. *Naturwissenschaft und Spiritualität.* Die Grundkonstellation dieses Verhältnisses. Lässt z.B. die physikalische Kosmologie, wenn man sie als real setzt, so etwas wie das Göttliche oder Gott als universelle Wirkmacht zu, oder bedeutet sie per se die Verneinung des Göttlichen bzw. Gottes? (Die Frage stellt sich seit der Überwindung des geozentrischen Weltbilds.) Kann die Quantentheorie Spiritualität beweisen, oder irgendeine andere Theorie dieser Art? Sind die Evolutionstheorie und die Annahme einer kosmischen Intelligenz vereinbar?

7. *Naturwissenschaft aus erkenntniskritischer Sicht.* Stimmen viele der Behauptungen der Naturwissenschaft überhaupt? Was sind Fakten und empirische

Realitäten, und wo setzen Hypothesen, ja Fiktionen ein (die häufig aus der Ontologisierung mathematischer Modelle erwachsen)? Sind erhebliche Teile der modernen Naturwissenschaft so etwas wie ein suggestives, mathematisch gestütztes Wahnsystem? Welche Kriterien haben wir, um das zu beurteilen?

8. *Anamnesis (Erinnerung) als Erkenntnisweg.* Kann es echte Erkenntnis, wie schon Platon annahm, aus der bis in die Tiefen unserer Seele hinabreichenden Erinnerung geben, ja möglicherweise nur aus dieser? Sind wir nicht als Erkennende notwendig und immer Erinnerungswesen? Wissen wir nicht viel mehr, als wir zu wissen glauben bzw. als das, was uns von den Großideologien als Wissen eingetrichtert wird? Brauchen wir den Weckruf der Anamnesis, der höheren oder tieferen Erinnerung, die immer auch die an uns selbst (UNS SELBST) ist?

9. *Der kosmische Anthropos.* Was ist die höchste Manifestation der menschlichen Existenz? Wie ist diese erfahrbar (und möglicherweise erreichbar)? Ist der kosmische Anthropos gar eine zu erinnernde Gestalt? (Die anthropologische Kernfrage umgreift auch das „Mann-Frau-Thema", so sehr dieses auch und zugleich für sich steht.)

10. *Zeit und Über-Zeit.* Gibt es sozusagen eine „Zeit hinter der Zeit" oder, auf deren Grund, eine Zeit, in der der empirisch erfahrene Zeitablauf wurzelt, ohne in ihr vollends zu verschwinden? Über-Zeit ist nicht Zeitlosigkeit. Wie erfahre ich die Über-Zeit, das höhere Nebeneinander im Nacheinander, das „magische Zugleich" (wie Schelling sagt)?

11. *Erlösung (die unserer selbst und die der Natur).* Wie können wir Erlösungswillen und Bejahung der lebendigen Welt miteinander vereinen? Kann auch die Natur erlöst werden (als Pflanze, als Tier etwa)? Wie steht der Mensch zu Erde, Pflanze und Tier, auch unter der Perspektive der Erlösung? Ist der kosmische Anthropos der erlöste Mensch, der „immer gemeinte Mensch"? Wie vermeiden wir lebensfeindliche Erlösungsideologien (die es ja reichlich gibt)?

12. *Die Zukunft der Erdenmenschheit im kosmischen Kontext.* Bezogen auf die ökologische Krise (die, machen wir uns nichts vor, von gigantischer Dimension ist): Haben wir noch eine Chance, oder ist es schlicht aus? Kann noch gegengesteuert werden, oder werden wir vom megatechnischen Pharao und seinen Sklaven bzw. von den Türmen unserer Hochtechnologie erschlagen? Gibt es eine erdgerechte Zukunft, eine erdgerechte und damit auch kosmosgerechte Ordnung für die Erdbewohner? Ist der Selbstvernichtungslauf dieser Erdlinge noch zu stoppen? Wenn ja, wie? Wieviel Apokalypse wird es geben müssen? Was steht, und was fällt? Wo ist das Rettende, wo sind die ‚kosmischen Anthropoi'? …

Von diesen zwölf Zentralthemen ist also im „kosmischen Band" die Rede, in vielen Variationen und Verarbeitungen, in neuen Konstellationen und Kontexten. Es versteht sich, dass die Aufteilung der Themen keinen starren oder grenzziehenden Charakter hat. Sie greifen flutend und fluktuierend ineinander.

Ein Schlüsselthema, das in der Tetralogie weitgehend ausgeklammert wird, obwohl es von kaum auszulotender Bedeutung ist, ist das der Zahlen, und dabei meine ich weniger die herkömmliche Mathematik als vielmehr jene in den Tiefen der Menschheitspsyche verankerte Zahlenwelt, die sich in der Musik spiegelt und deren Grundgrößen eine ‚kosmisch-geistige‘, rhythmisch-lebendige und auch numinose Qualität aufweisen. Nur im Anhang zu „Was die Erde will“, der ja einen Vortrag wiedergibt mit zentralen Thesen meines Buchs „Klang und Verwandlung“, klingt dieses dreizehnte Thema kurz an; in Andeutungen auch an einer Stelle in den „Impulsen für eine andere Naturwissenschaft“, wo von der Ordnung des Sonnensystems gesprochen wird (S. 202 ff.). So soll der geistig-kosmischen, qualitativen Zahlenlehre hier ein eigener Essay gewidmet sein. (Siehe hierzu auch „Klang und Verwandlung“, in der Neuausgabe im Drachen Verlag S. 111 ff.)

In „Räume, Dimensionen, Weltmodelle“ ist explizit und implizit auch eine Grundlagenkritik der mathematischen Abstraktion in ihrer flächendeckenden Anwendung auf Natur und Kosmos enthalten. Ich verweise unter anderem auf meine erkenntniskritische und naturphilosophische Analyse der berühmten Formel $E = mc^2$ („Räume ..., S. 38 ff.) und auf das Kapitel „Weltformel und Weltaufhebung“ (ebd. S. 56 ff.). Die moderne Naturwissenschaft – einschließlich der aus ihr hervorgegangenen Kosmologie – basiert zu einem erheblichen Teil auf der Ontologisierung mathematischer Modelle: Mathematische Formalismen, oft auf dürftigster Datenbasis, werden zur „objektiven Realität“ erklärt und schließlich zum Welterklärungssystem und zu einer Art Weltbild emporgeschraubt, das anschließend mit geradezu religiöser Inbrunst der staunenden Menge vorgeführt und gegen Kritiker immunisiert wird. Der ominöse Urknall ist ein schönes Beispiel; so habe ich ihm hier einen eigenen Essay gewidmet, zumal er in den „Impulsen für eine andere Naturwissenschaft“ expressis verbis nur eine eher geringe Rolle spielt und er in der breiten Öffentlichkeit noch immer hoch im Kurs steht. Auch die „Kulturkreativen“ nehmen ihn mehrheitlich genauso unkritisch als Grundfaktum des Universums hin, wie sie Einstein und seine beiden Relativitätstheorien und die Quantentheorie einschließlich aller Folgetheorien verehren. Besonders die Quantentheorie genießt fast Kultstatus bei den meisten esoterisch oder spirituell orientierten Geistern.

Die Essays dieses Bändchens dienen primär dazu, festgezurrte Lesarten der Realität gleichsam zum Tanzen zu bringen, in unystematischer und durchaus sprunghafter Form (wie diese eben Essays eignet). Sie können und wollen die Tetralogie nicht ersetzen, auch wohl nicht einmal im eigentlich Sinn zu ihr hinführen (der Zusatzband ist keine nachträgliche Einleitung oder Ouvertüre), vielmehr sind sie so etwas wie neue Variationen über den thematischen Grundbestand. Sie wollen, wie die vier Bände, auch geistig-musikalisch gelesen werden, was nicht heißt, wie man argwöhnen könnte, nun das Denken auszuschlagen oder geringzuachten. Denken/Mitdenken ist nicht alles, aber ohne es kann sich nichts von Belang herstellen …

Es folgt eine kleine Betrachtung zur globalen Lage. Diese Lagebeurteilung ist knapp und radikal.

3 „Erkenne die Lage!"

Wie steht es um die Erdlinge im Jahr 2010 der christlichen Zeitrechnung?

„Erkenne die Lage!" lautet der Titel einer kaum anderthalbseitigen Betrachtung Gottfried Benns aus dem Jahr 1944, die erst aus dem Nachlass veröffentlicht wurde. Was dieser Arzt und Dichter, der bekanntlich eher atheistischen und zynischen Geistes war, hier zu Papier gebracht hat, ist staunenswert, zumal in diesem vorletzten Kriegsjahr, einem der blutigsten Jahre der gesamten sogenannten Weltgeschichte. Benns Kurzessay handelt von der Frage nach Gott und von der Anamnesis, also der Erinnerung im tiefsten Sinn des Worts. Ich zitiere einige Sätze:

„Er [Gott] greift, das ist jedenfalls die innere Erfahrung der meisten Erlebnisnaturen, nicht unmittelbar in den Daseinskreislauf ein, auch führt er in der Universalgeschichte keine jede Szene ordnende Regie – man kann ihn hineindeuten in manches, vor allem rückblickend, aber zum Eingreifen beschwören lässt er sich nicht. [...] Es hat also der Mensch seine innere und äußere Umwelt selbst zu ordnen, dafür zur Verfügung stehen ihm äußere Erfahrungen und inneres Rückerinnern. Aber hier setzt schon wieder das Zögern ein: Was ist erinnerbar, an was erinnert sich die Platonische Anamnesis, was schwebt heran, auf uns zu, aus den Hintergründen – doch wieder nur dieser höchst undurchsichtige Ausgangspunkt, Schöpfungsimpuls, Gott – in den durch viele tellurische Auflösungen gebrochenen Formen.

[...] Und doch bleibt das Gefühl im Sinne einer unbeirrbaren Überzeugung bestehen, dass selbst diese qualerfüllteste aller denkbaren Welten nicht eine Sekunde stehen und bestehen könnte ohne eine Ordnung, eine zeit- und raumlose Planung, eine überirdische Existenz."[2]

Als ich jetzt wieder, nach Jahrzehnten, diesen Text las, war ich überrascht, dass und wie Benn hier das „innere Rückerinnern" – die „Platonische Anamnesis" – mit der göttlichen Planung und der „überirdischen Existenz", und das heißt ja: mit dem Absoluten, zusammenschließt. Und dies in vollem Bewusstsein, dass wir auf dem Gestirn Erde in der „qualerfülltesten aller denkbaren Welten" leben (müssen). Der Leser meiner Bücher kennt die zentrale Rolle, die die Idee der Anamnesis in meinem Denken einnimmt. Die „Anderswelt" basiert geradezu auf dieser Idee. Sie ist vielleicht überhaupt die Zentralachse meiner philosophischen Erkenntnisbemühung.

Was also ist die Lage der Erdbewohner zu Beginn des zweiten Jahrzehnts des 21. Jahrhunderts der christlichen Zeitrechnung? Die jüdische Zeitrechnung verzeichnet das Jahr 5770/5771. Ganz außerhalb der orthodoxen Deutung dieser Jahreszahl – „seit der Erschaffung der Welt“ – lässt sich festhalten, dass diese den gut fünf Jahrtausenden der hochkulturellen Phase der Erdenmenschheit, von der wir schriftliche Zeugnisse haben, erstaunlich nahekommt. Ich finde das bemerkenswert.

„Erkenne die Lage!“ wirkt wie ein existenzieller Imperativ. Greifen wir ihn auf. Haben die Erdlinge, bezogen auf die hier dominierenden Großideologien, eine Vorstellung von ihrer kosmischen Situation? Wissen sie, welches Gestirn sie bewohnen? Wissen sie, wer sie sind und was es mit ihnen auf sich hat? Diese Fragen würde ich glatt verneinen. Es gibt allenthalben Glaubenssysteme, wissenschaftliche und religiöse vor allem, aber wirklich gewusst wird doch erschütternd wenig. Nach wie vor ist sich der Mensch selbst das dunkelste und rätselhafteste Wesen, was kein seriöser Geist ernsthaft bestreiten wird, trotz des Getöses, das die Naturwissenschaften und die Religionen entfalten. Dass die technisch-abstrakte Naturwissenschaft mittlerweile nicht nur religiöse Züge trägt (das zu sagen ist entschieden zu wenig), sondern selbst die Zentralreligion dieser Erdlinge darstellt, quer durch alle anderen Ideologien hindurch, wird von Jahr zu Jahr augenfälliger,

Und diese Zentralreligion hat deutlich fundamentalistische Merkmale. Hier herrscht eine Glaubensinbrunst, die sonst nur die Fundamentalisten der großen Religionen und der Sekten aufbringen. Natürlich bestreiten die meisten Naturwissenschaftler das vehement (das gehört zur Immanenz der Glaubensinbrunst), sehen sie sich doch als Teilhaber und Diener jener großen Wissensanstrengung, die als Naturwissenschaft seit drei bis vier Jahrhunderten ein sich zunehmend steigerndes Ansehen gewonnen hat. Viele Menschen, die den Religionen, der Spiritualität überhaupt gegenüber sich als Skeptiker geben, glauben sich bei den Naturwissenschaften auf sicherem Boden. Diesen sicheren Boden gibt es jedoch nur auf einem vergleichsweise schmalen Areal der Naturwissenschaften; der überwiegende Teil der modernen Naturwissenschaft ist hochspekulativ und hängt über einem gähnenden Abgrund, den nur die mathematischen Schemen und die über die Bildschirme flimmernden Computersimulationen notdürftig kaschieren. Die Wirklichkeit im tiefsten und eigentlichen Wortsinn ist darin längst verdampft.

In der Finanz- und Wirtschaftskrise war viel von den Spekulationsblasen die Rede, die durch zynische und gierige Zocker ausgelöst wurden (übrigens unter heftiger Beteiligung von Mathematikern). Von den Spekulationsblasen der theoretischen Physiker, der abstrakten Kosmologen, der Molekularbiologen und der Evolutionstheoretiker wird nur extrem selten, wenn überhaupt, gesprochen. Auch die „Schöngeister“ aller Couleur sind mehrheitlich der abstrakten

Naturwissenschaft fromm ergeben, schon weil keiner sich gerne lächerlich macht, wenn er es ernsthaft unternehmen sollte, sich öffentlich auf das heikle und schwierige Feld einer an die Fundamente gehenden Wissenschaftskritik zu begeben. Hier bläst einem sofort ein derartig eisiger Wind entgegen, dass es verständlich ist, wenn die meisten zurückschrecken.

Millionen von Naturwissenschaftlern „weltweit“ (wie man so schön sagt) stehen in Lohn und Brot und führen Krieg gegen die Grundlagen des Lebendigen. Erwin Chargaff spricht von dem „Kolonialkrieg, den die Naturwissenschaften gegen die Natur ausfechten“.[3] Erkenntnismäßig kommt bei alldem kaum etwas heraus, jedenfalls nichts, was dazu angetan wäre, uns der Lösung der Frage, wer wir sind und was es mit unserer kosmischen Existenz auf sich hat, auch nur einen Millimeter näherzubringen. Im Gegenteil: Die abstrakten Bilder und Modelle, die aus den zunehmend imposanteren und raffinierteren Apparaturen aufsteigen (technische Wunderwerke fraglos), machen die Wirklichkeit unkenntlich, verstellen sie mit Tausenden von „Informationen“, denen der höhere Zusammenhalt abhandengekommen ist. Viele Wissenssplitter entpuppen sich schnell als Wahnsplitter, und inmitten seiner hochgezüchteten Megatechnik und der Simulationen und Konstruktionen sitzt der moderne/postmoderne Mensch und starrt in die Leere seiner eigenen Sinnlosigkeit und die der kosmischen Umwelt, von der er das Leben gedanklich entfernt hat. Die besten Kandidaten und Objekte wissenschaftlicher Forschung sind stets diejenigen, die nicht durch ihr eigenes Lebendigsein Widerstand leisten.

Um noch einmal auf die Finanz- und Wirtschaftskrise zu kommen: Ich fand es aufschlussreich (schwach formuliert), dass über Monate hinweg in den Medien zwei Begriffe ventiliert wurden, von denen in den Jahrzehnten vorher nur am Rande die Rede war: Gier und Größenwahn. Zunächst und primär ging es um Investmentbanker, Börsenspekulanten, Politiker usw., aber zunehmend auch um den „Menschen überhaupt“, wenn auch selten direkt, eher implizit. Gier und Größenwahn bestimmen in der Tat einen erheblichen Teil der sogenannten Menschheitsgeschichte, und es stellt sich der Verdacht ein, dass wir hier einen Grunddefekt der Spezies Mensch, wie sie sich auf diesem Gestirn entwickelt hat, vor uns haben, der latent immer vorhanden ist, aber nur dann massiv und unappetitlich hervorspringt, wenn sich die Gelegenheit dazu bietet. Dieses Monster in der eigenen Brust liegt sozusagen immer auf der Lauer; es schläft nie und zeigt sich in tausend Gestalten, auch und gerade da, wo man es erst einmal nicht vermutet (etwa in den Naturwissenschaften, und dabei meine ich nicht in erster Linie die Jagd auf den Nobelpreis und vergleichbare Lorbeerkränze).

Das berühmte Etikett, das dem spekulationswütigen Topbankern angehängt wurde, „Masters of the Universe“, trifft auch und verstärkt auf die Wortführer der mathematisch-physikalischem Kosmologie zu, die sich als Quasi-Götter gebärden, auf du und du mit dem Weltgeist, den sie sich irgendwie so vorstellen, wie sie selbst sind. Dabei erheben sich die vermeintlichen Erkenntnisse kaum aus dem Flachland der Computerbildschirme.

Es ist nachgerade gespenstisch, dass offenbar kaum jemandem ein Zusammenhang aufgeht zwischen der Atombombe, den zerstörerischen Möglichkeiten der Megatechnik überhaupt, und der modernen Kosmologie. Urknall und Hiroshima sind zwei Seiten einer Münze. (Dass dies nur aus einer tieferen Logik und Kausalität als der der herrschenden Bewusstseinsverfassung ableitbar ist, dürfte unschwer einleuchten.)

Die ökologischen Daten für die Erde sind verheerend. Wer sie auch nur in Grundzügen zur Kenntnis nimmt, also sie nicht kleinredet oder mit abmilderndem Blick betrachtet, wird schnell dahin kommen, den Satz, den Dante über das Tor der Hölle gesetzt hat, auch auf unseren Planeten anzuwenden: „Lasciate ogni speranza voi ch'entrate!“ („Die ihr hier eintretet, lasset alle Hoffnung fahren!“) Das muss nicht das letzte Wort sein, aber es erscheint mir geboten, die globale Lage erst einmal in ganzer Schärfe zur Kenntnis zu nehmen, und da ist die ökologische Krise nur ein Faktor neben anderen Faktoren, allerdings ein solcher von entscheidender Bedeutung.

In den letzten Jahren hat die kollektive Aufmerksamkeit auf den sogenannten Klimawandel, die Merkmale einer induzierten Massenhysterie aufweist, den Blick auf die eigentliche Dimension des ökologischen Desasters vollends vernebelt. Die Klimamodelle der einschlägig befassten Forscher (siehe auch die peinlichen Fehler und Pannen des Weltklimarats) sind computergestützte Mutmaßungen, die durch die ungeheure Komplexität des Klimageschehens immer wieder ad absurdum geführt werden.

Es ist wie mit der angeblichen Bestätigung so mancher Theorie, sei es der Physiker, der sogenannten Kosmologen oder der Biologen und Neurophysiologen. Die oft grobe Streuung der gewonnenen Messdaten wird mit Blick auf die favorisierte Anordnung, die Wunschkurve einer Theorie, faktisch manipuliert oder frisiert: Die nicht passenden Daten gelten als Messungenauigkeiten, „Schmutzeffekte“ oder ähnliches, die passenden werden in geglätteter Form der Öffentlichkeit präsentiert. Hinzu kommen schlichte Fälschungen, die häufiger sind, als wohl die meisten vermuten. Was hin und wieder ans Licht kommt, ist nur die Spitze des Eisbergs.

Die Verlogenheit in der öffentlichen Debatte um die ökologische Krise (eine echte Debatte gibt es ohnehin kaum) zeigt sich unter anderem darin, dass es allenthalben Tabus und Heiligtümer gibt, die nicht angetastet werden, etwa die globale Mobilität. Ständig werden Güter und Menschen um die halbe Erde transportiert, als müsse es so sein. Dabei ist es schlichter Irrsinn, wie man ohne großen Denkaufwand begreifen kann. Was an Argumenten für diese Rundum-Mobilität angeführt wird, ist zum überwiegenden Teil Ideologie im Dienst des megatechnischen Pharao, an dessen Pyramidenbauten mit nie endender Leidenschaft emsig und schweißtreibend gearbeitet wird. Die Megatechnik ist ein ähnlicher Götze wie das Geld. Man kann „Gott Mammon“ ironisieren und zur bloßen Metapher erklären, er bleibt doch, was er ist: ein Gott oder Götze, dem in Tempeln (den Banken) gehuldigt wird und dem unermüdlich Blutopfer dargeboten werden, und dies häufig genug buchstäblich. (Was macht die Bank mit dem Geld, das du auf deinem Konto „hast“? An jeder Rendite kleben Gewalt und Blut.)

Dass das Auto nicht nur in Deutschland Fetischcharakter hat, ist mittlerweile ein sozialpsychologischer Gemeinplatz, was aber nichts daran ändert, dass es sich tatsächlich so verhält.

Eine „Ökologisierung der Industriegesellschaft“ des global herrschenden Typus ist schlicht unmöglich, wie sich leicht begreifen lässt. Wer das alles wünschenswert findet und erhalten will, was der megatechnische Pharao an Segnungen und Errungenschaften zu bieten hat (und deren Zahl ist Legion) und was seine Herrschaft sichert, der muss wissen, und weiß es im Grunde auch, dass er damit seinen Beitrag zur ökologischen Katastrophe leistet. Der Beitrag ist klein und auch nicht unsinnig moralisch zu befrachten, aber es gibt ihn. Letztlich ist es die herrschende Bewusstseinsverfassung überhaupt, die auf dem Prüfstand steht. Doch was heißt hier „steht“? Der Härtetest ist längst gelaufen, die Prüfung erfolgt. Das global vorangepeitschte Großprojekt des megatechnischen Immer-weiter-immer-höher-immer-Schneller usw. muss und wird sich zu Tode siegen. Selbst wenn es möglich wäre, über eine global wirksame Magie alle Kernkraftwerke stillzulegen, alle Düsenjets an den Boden zu bannen, sagen wir, 90 Prozent der geliebten Automobile zu handlichen Päckchen zusammenzupressen, die Plastikflut komplett zu stoppen, überhaupt alle giftigen Müllströme, usw. usw., würde schnell erkennbar werden, dass schlicht Irreversibles geschehen ist, als der Mensch dieser Erde seinen imperialen Wahn in technischer Hochrüstung zum Äußersten trieb. Nun ist es so, dass selbst ein Totalstopp in dem genannten Sinn keine Entwarnung bedeuten würde und die lebendige Natur nicht umfassend retten und bewahren könnte.

Nur vom dem aus geurteilt, was sich auf der Ebene der Sinnenwelt hier abzeichnet, müsste man sagen: *Les jeux sont faits* (das Spiel ist aus). Hinzu kommt, dass ein auch nur kursorischer Blick auf die Geschichte dieser Erdbewohner nicht gerade hoffnungsfroh stimmen kann. Kollektive Wahnprojekte werden nicht durch Einsicht oder Gesinnungswandel ihrer Protagonisten zum Stoppen gebracht, sondern durch massive Gegengewalt, Katastrophen, innere Erosion und ähnliches. Im Fall der Ökologischen Krise könnten nur „Teilapokalypsen“ Bewusstseinsschübe auslösen, die geeignet wären, wenigstens einige der lebensfeindlichen Faktoren auszuschalten oder abzumildern. Ich habe auch schon früher die Frage aufgeworfen, ob es sich bei den Erdbewohnern, wenigstens bei einem erheblichen Teil von ihnen, um intelligente Wesen handelt. Ich war und bin dazu geneigt, hier mit einem klaren Nein zu antworten. (Den logischen Zirkel, dass der, der hier spricht, selbst zu den Erdlingen gehört, lasse ich unkommentiert stehen.) Wäre es anders, müsste die Geschichte der Erdenmenschen eine andere sein. Sie wäre nicht über weite Strecken hinweg eine so blutige und trostlose Farce, wie sie es ja faktisch war bzw. ist, von wenigen Lichtblicken abgesehen. Wenn von der geringen oder von der schlicht abwesenden Intelligenz der Erdlinge gesprochen wird, dann wird man sich zunächst die sogenannten Eliten ansehen, also diejenigen, die die Marschrichtung vorgegeben haben bzw. vorgeben. Sie bestimmen auch die jeweils herrschenden Weltbilder, die wiederum Ausdruck einer bestimmten Bewusstseinsverfassung sind. Das Urknall-Universum passt gut zu der explosiven Bewusstseinsverfassung des modernen/postmodernen Menschen, der sich weitgehend frei wähnt, aber bis in tiefe Seelenschichten hinein von vorgestanzten Wertungen und Glaubenselementen völlig beherrscht wird, die er seltsamerweise verteidigt, als wären diese sein Liebstes und Eigenstes.

Die moderne Kosmologie, deren Matadore öffentliche Aufmerksamkeit und Bewunderung genießen wie wenige andere, ist in meinen Augen kein von Intelligenz zeugendes Weltbild, sondern ein zutiefst pathologisches. Es hat empirische Elemente, ist aber in seinen Grundaussagen über „das Ganze", den Weltraum, das Licht und die „Sonnen" eine gigantische Phantasmagorie auf der Basis falscher Prämissen, wie ich in meinen „Impulsen für eine andere Naturwissenschaft" zu beweisen versuche.

Viele, auch wohlwollende Leser konnten und wollten da nicht mitgehen. Dass die „Sonnen" keine superheißen Gasbälle sind und auf direkte Weise auch kein Licht abstrahlen – dieses entsteht erst als Wechselwirkungsphänomen im Gegeneinander der jeweiligen Radialfelder –, sondern Kugeln mit fester Oberfläche, Träger organischen Lebens für eine gewisse Phase unter Einschluss des Menschen, das rief dann doch Skepsis hervor, weil es der herrschenden Annahme auf so grundstürzende Weise widerspricht. Warum soll der Philosoph Jochen Kirchhoff hier rechthaben und „alle Welt" unrecht? Dennoch sehe ich nicht die geringste Veranlassung, von meinen Zentralprämissen und den aus ihnen abgeleiteten Schlüssen abzurücken. Die Radialfeld-Hypothese, die ich auf den Schultern der philosophischen Riesen Giordano Bruno und Helmut Krause vortrage und ausdifferenziere, ist bis zum heutigen Tag nicht widerlegt worden. Also „mache ich weiter". Auch die Mainstream-Kosmologen machen weiter wie eh und je, glauben sich als Sieger und Speerspitze in der langen Geschichte des Nachdenkens über das Weltall. Ich habe schon mehrfach gesagt (zuletzt in der Vorrede zur Neuausgabe von „Klang und Verwandlung"): Sollte das Universum so aussehen, wie uns die Kosmologen unserer Zeit einreden, und das schließt die gasförmigen Sonnenöfen als Lichtquellen ein, dann kann der Weltgeist bzw. der

Demiurgos nicht intelligent sein. Im Zusammenhang mit dem Verhältnis von Naturwissenschaft und Spiritualität werde ich auf diese These zurückkommen, die gewiss viele befremdlich oder gar blasphemisch anmutet.

Die physikalische Kosmologie, wie sie global alternativlos dasteht (auch die Gegner der Urknall-Fiktion zählen mehrheitlich dazu), ist ein wichtiges Symptom und Indiz für die hier zur Rede stehende Lage der Erdlinge. „Erkenne die Lage!" Diesen Imperativ Gottfried Benns von 1944 (5704) wollte ich auf das Jahr 2010 (5770) anwenden. – Ob ich die kosmische Umwelt als sinnleere und monströse Kulisse betrachte, von der mein Wohl und Wehe völlig getrennt ist, oder als sinnvollen und organisch-geistigen Lebenszusammenhang, in den ich integriert bin, ist ein fundamentaler Unterschied. Was sehe ich, wenn ich das nächtliche Firmament vor Augen habe? Was verbirgt sich hinter oder in dem Lichtermeer der sogenannten Sterne? Sehe ich Gasbälle, lebensfeindliche thermonukleare Höllenwelten, oder sehe ich lebendige Kugeln, die von Menschen bewohnt waren, sind oder irgendwann sein werden – auch wenn ich mir deren Aussehen nicht direkt vorstellen kann? Die Suche nach extraterrestrischer Intelligenz, wie sie hier betrieben wird, hat etwas Absurdes. Außerdem: Wo bitte ist die terrestrische Intelligenz? Bei den Naturforschern, den Kosmologen, den Evolutionsbiologen, den Klimaforschern (die noch in den 1970er Jahren von einer neuen Eiszeit fabulierten, deren Vorboten sie dann in dem harten Winter 1978/79 erblickten), den Bankern, den Politikern, den Journalisten, den Priestern und Pastoren, den Glaubensinbrünstigen aller Religionen, den Machern von Google, den Internet-Fetischisten usw.?

Wer von all diesen wäre ein geeigneter Kandidat dafür, die Bewohner dieser kleinen Erde in einem „galaktischen Rat" zu vertreten (wenn ich mir diese literarische Phantasie gestatten darf)? Wer könnte für die Erde und die sie bewohnenden Menschen vor wirklich intelligenten Wesen das Wort ergreifen, ohne nicht gleich nach den ersten Sätzen als Repräsentant einer mehrheitlich offenbar geisteskranken Gestirnbevölkerung erkannt und durchschaut zu werden? Zum Minimum einer als intelligent zu wertenden Geistesausstattung eines menschlichen Wesens, sagen wir, in unserer Galaxie, gehört es doch wohl auf einer vergleichsweise späten Stufe der Bewusstseinsentwicklung, die irdische Winkelperspektive und die ihr immanenten Täuschungen zu durchschauen und das eigene Menschsein als ein kosmisches zu begreifen, die eigene Gestirnmenschheit im Verbund mit anderen Gestirnmenschheiten. Stattdessen hat der Erdbewohner unter Anleitung der Naturwissenschaftler und Astronomen/Astrophysiker die kosmische Umgebung geistig kolonisiert und mehr oder weniger komplett entvölkert, wenigstens in seiner Imagination. Was noch bleibt an Bewohnern anderer Himmelskörper trägt groteske und perverse, partiell auch verquast religiöse Züge. Man studiere die einschlägige Literatur, die einschlägigen Filme.

Zur Lage dieser Erdlinge gehört auch das Folgende: Im sogenannten Westen (weitgefasst) haben sich die meisten Menschen klammheimlich und im Grund zynisch darauf verständigt, dass keiner irgendetwas im metaphysischen Sinn weiß und wissen kann.

Außer den Gurus, wenn man welchen anhängt oder nachläuft.

Jede höhere Erkenntnisbemühung wird von vornherein als mehr oder weniger vergeblich hingestellt. „Ich bin okay, du bist okay“, lautet ein bekannter Buchtitel. Richtiger müsste man die allgemeine Maxime so fassen: Ich weiß nichts, und du weißt auch nichts. Zugespitzt formuliert: Ich bin ein Idiot, und du bist auch ein Idiot. Dahinter steckt die Prämisse: Wir sind alle Idioten und können schlechterdings auch gar nichts wissen (also metaphysisch gesehen). Das zumindest glaubt man seltsamerweise zu wissen (und damit beißt sich natürlich die Katze in den Schwanz). – Nur den Naturwissenschaften traut man fast alles zu, nimmt ihnen auch die schlechteste Metaphysik ab, wenn sie mathematisch-technisch daherkommt. Daher die Urknall-Begeisterung allenthalben.

Wirklichkeitsverlust und dogmatischer Agnostizismus, religiöser und wissenschaftlicher Fundamentalismus, kosmische Verlorenheit und Orientierungslosigkeit, megatechnischer Wahn auf der Folie menschlicher Verwahrlosung, beispielloser Verblödung und sinnloser Lebensführung. Gier und Größenwahn, wie weiter oben vermerkt ...

Genug – alles, was hier angedeutet wurde, gehört zur Lage. Auch die vielen Bemühungen natürlich, die menschliche Substanz gegen die große Planierung zu behaupten, sich zu wehren, schöpferische Gegenakzente zu setzen usw. Nichts liegt mir ferner, als diese Strebungen und Strömungen kleinzureden oder geringzuachten. Aber die Lage in ganzer Schärfe in ihrer bewusstseinsmäßigen, ja metaphysischen Dimension zu betrachten und zu interpretieren, und dies unter psychokosmologischen Aspekten (die kaum je zureichend angesprochen werden), erscheint mir unverzichtbar. Darin sehe ich die entscheidende Aufgabe und Herausforderung einer philosophischen Grundlagenreflexion. Wenn Philosophie das nicht leistet oder zumindest aus der Tiefe heraus anstrebt, ist sie wenig wert ...

Wenden wir uns nun dem so oft schon diskutierten, aber selten, wie ich meine, tiefenscharf ins Auge gefassten Verhältnis von Naturwissenschaft und Spiritualität zu.

4 Kosmos, Weltgeist und Intelligenz

Zum Verhältnis von Naturwissenschaft und Spiritualität

In den späten 1990er Jahren gab es im ZDF eine abendliche „Expertenrunde" zur modernen Kosmologie, in der auch die häufig gestellte Frage thematisiert wurde, ob das Universum, wie es sich in wissenschaftlicher Sicht darstellt, auf eine höhere Intelligenz, eine göttliche Instanz – einen Schöpfer – hinweise oder eben nicht. Bekanntlich wurde und wird ja die Vorstellung des Urknalls von vielen mit dem christlichen Schöpfungsglauben zusammengeschlossen, ja geradezu als Beweis für die göttliche Weltschöpfung aus dem Nichts angesehen. Einer der Diskutanten nun vertrat rhetorisch gekonnt eine These, die ich hier in freier Paraphrase wiedergebe: Das Universum kann unmöglich das Werk einer göttlichen Intelligenz sein, weil der immense Aufwand, um höher organisiertes Leben und damit den Menschen hervorzubringen (die Prämisse gesetzt, dass der Schöpfer darauf abzielt) so monströs und zutiefst unökonomisch wirkt, dass man sich eigentlich nicht vorstellen kann, dass es Gott so angestellt habe. Anders gesagt: Ein göttliches Wesen mit der Eigenschaft höchster Intelligenz hätte das Ganze erheblich besser gemacht. Wozu die unzähligen heißen Gasbälle, nur um irgendwann und irgendwo ein bewohnbares Gestirn wie die Erde hervorzubringen (egal, ob man nun noch andere bewohnbare Gestirne dazunimmt, deren zumindest oasenhafte Existenz auch die moderne Kosmologie nicht ausschließen kann)?

Ich fand den Einwand schlagend und kaum ernsthaft widerlegbar, allerdings aus einem genau entgegengesetzten Grund. Wäre das Weltall tatsächlich so beschaffen, wie in der physikalischen Kosmologie der letzten Jahrzehnte behauptet wird, fällt es recht schwer, ja ist es eigentlich unmöglich, hier so etwas wie eine kosmische oder göttliche Intelligenz zu unterstellen.

Die glühenden Gaskugeln in eisiger Leere, zu schweigen von den sogenannten schwarzen Löchern, dem Urknall und dem ganzen sonstigen Arsenal der Kosmologen, sind schlicht aberwitzig und absurd. Auf solchen Unsinn wäre ein wirklich intelligentes höheres Wesen nun wahrlich nicht verfallen! Schon ein schlichter Grashalm, der vom Frühlingswind bewegt wird und auf dem ein buntschillernder Käfer herumkrabbelt, wäre eigentlich eine Unmöglichkeit, eine Art Kuriosum, ein Fremdkörper im Universum, das dann – nebenbei bemerkt – auch die Bezeichnung „Kosmos" nicht mehr verdiente. Kosmologie wäre eigentlich Chaotologie. Das Universum wäre überwiegend lebensfeindlich, und um dennoch Leben unterzubringen (völlig leugnen kann man es ja nicht) in dieser kosmischen Wüstenei, könnte man nur auf den Universalfaktor mit dem Namen Zufall zurückgreifen, der es dann irgendwie richten müsste. Und so geschieht es ja auch in den Denkbewegungen der involvierten Forscher und Theoretiker, bei völliger Abwesenheit erkenntnismäßiger Grundlagenreflexion. Was an Philosophie ins Spiel kommt, ist kaum mehr als die bekannte Hausmannskost einer rein ideologischen Vulgärmetaphysik, deren innere Widersprüche und sprachliche Schlampigkeiten geradezu verblüffend sind. Wohlgemerkt: Alle Prämissen der modernen Naturwissenschaft sind unbewiesene und auch strukturell unbeweisbare Setzungen, ja Postulate, und diese sind als solche metaphysischer Natur; in der sinnlich wahrnehmbaren Welt sind sie jedenfalls nicht auffindbar. Physiker, Kosmologen, Evolutionsbiologen, soweit die unmittelbare sinnliche Evidenz überschritten wird, und das wird sie in jeder übergreifenden Theorie, werden notwendig zu Metaphysikern. Ich setze nicht Metaphysik an die Stelle empirischer Forschung, sondern eine andere und, wie ich meine, bessere Metaphysik an die Stelle der schlechten und vulgären Metaphysik, derer sich die naturwissenschaftlichen Theoretiker zum überwiegenden Teil bedienen, die sie aber selbst nicht klar zu formulieren in der Lage sind. Zurück zur Frage dieses Kapitels:

Wenn die moderne Kosmologie recht haben sollte, und das gilt für alle anderen theoretischen Universalbehauptungen der Naturwissenschaftler in gleichem Maß, kann es kein sinnvolles Verhältnis von Naturwissenschaft und Spiritualität geben. Die herrschende Kosmologie, als wirklich gesetzt, macht so etwas wie Spiritualität oder göttliche bzw. kosmische Intelligenz (höhere Intelligenz überhaupt) rundum entbehrlich, erklärt sie im Grund zur Schrulle oder zur Farce. Man müsste dann Zuflucht zu einer Gottesvorstellung nehmen, die an das *Credo quia absurdum* („Ich glaube es, weil es absurd ist") des Kirchenvaters Tertullian rührt, und da wäre man auch bei Pascal und Kierkegaard und ähnlichen Geistern, die irgendwann den Geist auf dem Altar des christlichen Glaubens opferten (= *sacrificium intellectus*).

Man kann auch die Kosmologie als solche opfern, sie sozusagen auf sich beruhen lassen und quasi-geozentrisch sich auf die blaue oder grüne Erde beschränken, als sei damit das gesamte Rund der Welt abgeschritten. Viele denken und leben faktisch so. Motto: Wie der Kosmos wirklich beschaffen ist, weiß ich nicht und muss ich auch nicht wissen, wenn es um ein gelungenes Leben geht; die kosmologische Grundfrage mögen andere klären, ich will mich davon nicht ablenken und blockieren lassen. Also: Vorhang zu. „*Il faut cultiver son jardin*" (Voltaire; „man muss seinen Garten pflegen"). Wer die Kosmologie nicht aufgeben kann und will, zugleich aber keine Alternativen zur modernen Naturwissenschaft kennt oder solche für unmöglich hält, steckt als „spiritueller Mensch" in einem schier unlösbaren Dilemma. Er sieht sich fast gezwungen, der ihm als alternativlos erscheinenden Kosmologie der Physiker doch noch etwas abzugewinnen, und da bietet sich beispielsweise der Urknall als moderner Schöpfungsmythos. an, oder man deutet die kosmologisch relevanten Megazahlen in Zeit und Raum als Ausdruck göttlichen Wirkens. Auch die theoretisch postulierten „Quantenfluktuationen des Vakuums", von denen in letzter Zeit seltsam erregt gesprochen wird, werden dann zu Manifestationen der Schöpfungsfülle. Und so fort. Doch auch die gewagtesten Interpretationen dieser Art laufen Gefahr, von den abstrakten Gespenstern, die hier das Terrain besetzt halten, verschluckt oder zerrissen zu werden. –

Eine Weile schien es in den letzten Jahren, als sei das ganze Physik-Mystik-Thema (um diese Hauptfacette jetzt zu nehmen) irgendwie ausgereizt, als habe sich der Anstoß, der vor rund dreieinhalb Jahrzehnten durch Fritjof Capras „Tao der Physik" zustande kam, erschöpft. Doch das war eine Täuschung. Mittlerweile nimmt die Zahl der Buchtitel und der Aufsätze in den einschlägigen Zeitschriften wieder zu, und manche Autoren führen ihr Thema vor, als habe es nie eine kritische Debatte darüber gegeben. (Ken Wilber war einer der Hauptkritiker der Formel „Physik beweist Mystik", und dies aus der Perspektive der Bewusstseinsevolution.) Besonders die Quantentheorie steht hier hoch im Kurs, und die Paradoxien im Mikrobereich der Materie erfahren eine spirituelle Deutung, die fast zur gängigen Münze geworden ist, was nicht eben dazu anregt, sich einer Grundlagenreflexion des Themas zu widmen, die aber bitter nötig erscheint.

Hier und gewissermaßen en passant erlaube ich mir den Hinweis, dass ich einen Vorschlag unterbreitet habe, wie sich der beunruhigende Teilchen-Welle-Dualismus deuten lässt, ohne auf die mathematisch-spekulative Konstruktion zu rekurrieren, die die Quantentheorie, heuristisch-funktional sehr erfolgreich, in der „Kopenhagener Deutung" bestimmt: Im wuchtigen Gegeneinanderwirken der Raumenergiefelder der Gestirne kommt es immer wieder zu Aufsplitterungen zu Teilchen, während bei einem etwas geringeren Intensitätsgrad die im Urzustand wellenlosen Raumenergien oder Radialenergien zu einer transversalen Wellenbewegung angeregt werden, die sich unter anderem als Licht manifestiert: So entsteht fast zwangsläufig eine Übergangs- oder Überlappungszone von Nicht-mehr-Strahlung und Noch-nicht-Materie, die dazu führt, dass Wellen fast Teilchen und Teilchen fast Wellen sind und das eine fluktuierend und fließend in das andere übergeht (siehe auch „Räume, Dimensionen, Weltmodelle", S. 254).

Newton, wie bekannt, verband die von ihm entwickelte Himmelsmechanik mit spirituellen, ja mystischen Gedanken; er war „Magier und Rechenmeister" in einem (siehe „Räume …", S. 123 ff.). Er sah sich, wie der Mathematiker Harro Heuser mit Recht herausstellt, als „Physiker Gottes" (so der Titel von Heusers Buch über Newton).[4]

Der Begründer der Urknalltheorie (bzw. -fiktion) war der belgisehe Physiker und Priester Abbé Georges Lemaître (1894–1966), der dabei auf den russischen

Mathematiker Alexander Friedmann (1888–1925) zurückgriff, der seinerseits ein Weltmodell auf der Basis der allgemeinen Relativitätstheorie entwickelt hatte. „Im Jahr 1931 sprach Lemaître zum ersten Mal von einem überdichten Anfangszustand, dem ‚Uratom', das explodierte und damit das bekannte Weltall erzeugte. Dass dem Priester Lemaître die christliche Schöpfungsvorstellung am Herzen lag und ihm deshalb ein schöpferischer Anfang des physikalischen Kosmos sehr gelegen kam, ist wohl nicht zu bezweifeln." (So die Physiker Hans-Dieter Radecke und Lorenz Teufel.)[5]

Die Urknallfiktion hatte von Anfang an auch etwas Religiöses, ja Verquast-Christliches. Das ist bis heute so geblieben. Mit empirischer Wissenschaft hat diese Fiktion ohnehin wenig zu tun – keine Spur von Experiment, Verifizierbarkeit, nachvollziehbaren Grundgrößen, Reproduzierbarkeit und solidem Denken. Dazu mehr in dem entsprechenden Kapitel.

Was ist überhaupt Naturwissenschaft und was Spiritualität? Was unterscheidet das eine vom anderen? Vom Anspruch her ist die Naturwissenschaft seit Galilei und Newton die strengen Regeln unterworfene Bemühung, die uns umgebende sinnlich-physische Natur in ihren Gesetzen, ihrer Struktur, ihrer formalen Einheit adäquat zu erfassen, sei es primär erklärend, sei es nur beschreibend, und dies auf der Basis von Erfahrung, von tatsächlich vorliegenden Daten (Messdaten zumeist), konkreten Beobachtungen und Experimenten, die wiederholbar und im Prinzip von jedem mit dem gleichen Ergebnis durchführbar sind. Diesem Anspruch wird nur ein Teil der Naturwissenschaft gerecht; er ist erheblich kleiner, als die meisten annehmen. Und selbst dieses, sagen wir, empirische Segment, von dem wieder ein Ausschnitt technisch umsetzbar ist und so seine bis ins Alltägliche hineinreichende Evidenz erweist, enthält neben hypothetischen Elementen (die wenigstens im Ansatz bestätigt oder widerlegt werden können) starke Glaubensfaktoren als Stützpfeiler, Fiktionen, nicht hinterfragbare Grundannahmen.

„Was funktioniert, ist wahr." So denken viele, was zunächst einmal auch verständlich ist. Gerade über und durch die Technik hat die Naturwissenschaft eine überwältigende Akzeptanz errungen. Ganz abgesehen davon, dass viele ihrer Theorien und Behauptungen ohne immer raffiniertere Technik (leistungsstarke Teleskope und Rechner etwa) gar nicht zustandegekommen wären. Auch nicht ohne rabiaten Reduktionismus unter der Ägide der Abstraktion, der mathematischen Formalismen, die der „Laie" (ähnlich wie in der Finanzwelt) gar nicht mehr durchschaut, von denen er sich überrollt fühlt.

Der „Laie" (aber mit Blick auf den Kosmos und das Leben in ihm sind auch die sogenannten Fachleute samt und sonders blutige Laien) kann in der Regel zwischen einer wirklich empirisch gestützten Aussage und einer spekulativen Behauptung nicht unterscheiden. Dass die Erde näherungsweise eine Kugel ist, die sich mit einer bestimmbaren Geschwindigkeit um die sogenannte Sonne bewegt, ist schwer zu bestreiten, obwohl es sehr lange gedauert hat, bis sich dies in größerer Breite durchsetzen konnte; schließlich stand die sinnliche Evidenz des Gegenteils massiv davor. (Die neuzeitliche Physik entstand aus dem Bemühen heraus, den Schein der Ruhe auf der Erdoberfläche mit der rasenden Fahrt des Gestirnganzen in Einklang zu bringen. So kam beispielsweise das – fiktive! – „Relativitätsprinzip der klassischen Mechanik“ zustande.)

Dass die Erde, wie behauptet wird, 4,5 Milliarden Jahre alt ist, dass sie eine Art Glutball mit fester Schale darstellt, wobei die Platten auf dem feuerflüssigen Magma wie Flöße treiben (sehr vereinfacht dargestellt), dies sind zwei Annahmen ohne solides empirisches Fundament. Warum? 4,5 Milliarden Jahre sind eine alle menschliche Erfahrung unvorstellbar überschreitende, ja zermalmende Zeitgröße. Mit ihr abstrakt zu jonglieren (mehr ist es ja nicht), so als sei sie real, ist per se spekulativ und außerhalb jeder Möglichkeit eines objektivierbaren Beweises. In die Behauptung, unser Heimatplanet habe dieses Alter, fließen eine Fülle von flankierenden Behauptungen ein, die sich wechselseitig stützen und überhaupt erst ermöglichen, und dies alles auf der Basis von (letztlich metaphysischen) Axiomen und Prämissen über die Zeit, den Zeitablauf als solchen und in Bezug auf Veränderungen der Materie, – die biologische Evolution, die Gravitation, die kosmische Umwelt und vieles mehr. Keine einzige dieser Voraussetzungen ist selbst-evident, ist in sich selbst und aus sich selbst heraus begründbar. Hier gilt, was die zitierten Physiker Radecke und Teufel über die moderne Kosmologie schreiben, also die sogenannten Weltmodelle:

„Man darf nicht vergessen, dass alle unsere Beobachtungen theoriebehaftet sind. Zudem sind kosmologische Theorien so vieldeutig, dass man mathematisch fast beliebige Ergebnisse erzwingen kann, um sie mit Beobachtungen kompatibel zu machen.“[6]

Die Biegsamkeit mathematischer Modelle ist gewaltig. Die wenigsten nur ahnen oder wissen das. So glauben sie deren Ontologisierung, deren Ummünzung in Realitäten. – Die Glutball-Erde mit Kruste gilt als solide Tatsache. Schon ein Verweis auf die Vulkane und Geysire oder auch die Erdbeben genügt hier häufig, um jeden Zweifel als absurd abzuwehren. Doch das Innere der Erde in größerer Tiefe ist nicht empirisch gegeben; es kann nur erschlossen, fast möchte ich sagen, erraten werden, und dies geht nur am Leitfaden bestimmter Grundannahmen, von denen keine selbst-evident oder über Einwände erhaben ist. (Über die Entstehung der Erdmagnetfelds etwa gibt es nur mehr oder weniger windige Hypothesen und Vermutungen.) Vulkane und Erdbeben können völlig anders gedeutet werden, als dies von den diskursbestimmenden Physikern und Geologen vorgetragen wird (siehe „Räume ...“, S. 259 ff).

Die beiden Beispiele sollten als Fingerzeig dienen. Die Naturwissenschaft ist ein schwieriger und heikler Boden, ein schwer durchschaubares Gemisch aus Wirklichkeit und purem Wahn. Die Atombombe ist jedenfalls eine Realität, und die geht auf die moderne theoretische Physik zurück. Es sagt viel über diese Wissenschaft aus, dass es ihr gelungen ist, das über das Radialfeld gegebene Sicherheitsschloss der Natur brutal aufzubrechen. (Die Physiker haben die Atombombe „erfunden" und wissen nicht einmal, was sie überhaupt ermöglicht. Das Radialfeld kennen sie nicht.)

Was ist nun Spiritualität? Zunächst einmal sehr verkürzt die Grundüberzeugung, dass die physische Welt durchdrungen ist von einer höheren geistigen Wirklichkeit, die ihr Sinn und Wert verleiht, zu der der Mensch über die eigene Seele einen unmittelbaren Zugang hat und die in gewisser Weise seine Heimat und Quellsphäre darstellt. Dazu kommt sehr häufig die Vorstellung, dass diese höhere geistige Wirklichkeit von Gesetzen regiert wird, die von einem höchsten Wesen, einer ultimativen Seinsinstanz (= Gott) ausgehen. Soviel erst einmal.

Warum, so könnte man naiv fragen, soll dies nicht vereinbar sein mit der Naturwissenschaft der abendländischen Neuzeit (und um diese geht es primär)? Die Frage ist berechtigt. Wie wäre sie zu beantworten? Rein geschichtlich betrachtet, war es so, dass sich die werdende Naturwissenschaft, aber auch die dann ausgereifte, nicht einer Spiritualität in diesem allgemeinen und grundsätzlichen Verständnis gegenübersah, sondern einer bestimmten Form organisierter Spiritualität, das heißt dem Christentum als Religion und als Kirche, das den eigenen Zentralglauben an ein bestimmtes Weltbild gekoppelt hatte, das ptolemäisch-geozentrische und von findigen Mathematikern ausdifferenzierte Weltmodell.

Dieses Modell war erheblich älter als das Christentum, kam aber seit dem 13. Jahrhundert als kosmologische Ergänzung zu höchstem Ansehen. Damit war es seit Kopernikus – zu schweigen von Giordano Bruno – vorbei. Besonders Brunos Kosmologie der Unendlichkeit riss dem Christentum den Boden weg. Schließlich wurde der große Unendlichkeitsphilosoph ein Opfer der Inquisition; er starb am 17. Februar 1600 auf dem Scheiterhaufen in Rom.

Galilei wäre trotz seines Kopernikanismus vielleicht nie in Konflikt mit der Kirche geraten, wäre er nicht – fälschlicherweise und durchaus wider Willen – in den Ruch geraten, eine Art zweiter Bruno zu sein. Die Kirche attackierte und fürchtete nicht den Kopernikanismus (der wäre integrierbar gewesen und war es faktisch auch für eine gewisse Zeit), sondern den „Brunianismus". Übrigens bis heute.

Seit Galilei galt in der Naturwissenschaft ein methodischer Atheismus. Die „Hypothese Gott" (Laplace) wurde aus der Forschungsmethodik verbannt und als Erklärungsprinzip verneint. Kepler sah es anders, mit großen Einschränkungen auch Newton; der Verfasser der „Principia" war zwar glühender Theist und fühlte sich geradezu als „Physiker Gottes" (siehe oben), aber die von ihm begründete Himmelsmechanik wurde doch zum Startschuss für den dann zunehmend rabiater und dogmatischer werdenden Atheismus der Physiker, die mit der „Hypothese Gott" auch die philosophische Metaphysik entkräftet zu haben glaubten. So wurden sozusagen die letzten Zügel abgeworfen. Und so fort. Ich muss diese Geschichte hier nicht weiterverfolgen.

Der methodische Atheismus der Naturwissenschaft, der weitgehend gleichbedeutend ist mit methodischer Anti-Spiritualität, bedeutet keineswegs, dass der einzelne Forscher, als Privatmensch, Atheist sein muss oder ein Gegner der Spiritualität, nur darf diese Überzeugung („jeder kann glauben, was er will") nicht in die je konkrete Forschungsarbeit einfließen. Das ist die eine, aber alles entscheidende Einschränkung.

Gerne reden viele Naturwissenschaftler, wenn es gerade opportun erscheint, von religiösen oder spirituellen Dingen. Wer in der Woche als Teilchenphysiker oder Molekularbiologe unterwegs ist, kann am Wochenende im Franziskanerkloster meditieren oder in einem Zen-Dojo, ohne dass dies irgendeinen sachbezogenen und methodischen Einfluss auf das eigene Tun als Wissenschaftler hat. Viele, wohl die meisten würden sagen: Die Meditation und die Arbeit im Labor (beispielsweise) sind doch zwei völlig verschiedene Dinge. Warum sollte man sie vermischen? Capra sagt irgendwo einmal sinngemäß: Auch ein Buddha würde „normale Physik" betreiben. So *what?*

Das berührt die Frage einer anderen, und das heißt in meinem Verständnis auch: höheren Naturwissenschaft, die in gewisser Weise die eigentliche ist und auch wieder jede denkbare Naturwissenschaft im üblichen Sinn transzendiert. Das habe ich in meinen „Impulsen für eine andere Naturwissenschaft" und der „Erlösung der Natur" in der Grundrichtung gezeigt. Nur in einer solcherart vertieften Natur- und Kosmosbetrachtung, die die wirklich empirischen Komponenten der „normalen Naturwissenschaft" nicht antastet (aber einordnend relativiert und – fundiert!), ist das ganze Thema Naturwissenschaft und Spiritualität sinnvoll und fruchtbar zu verhandeln. Die Kosmologie des Urknalls, der schwarzen Löcher und der glühenden Gasmonster spiritualisieren zu wollen, ist ein müßiges Unterfangen. Das gilt auch für alle anderen (meist uneingestanden dogmatisierten) Theorien und Glaubenssätze aus der Retorte computergestützter Abstraktionen. Letztlich kann eine andere und höhere Naturwissenschaft nur aus einem anderen und höheren Menschentum erwachsen. Bleibt dieses aus, werden wir früher oder später Erwin Chargaff recht geben müssen: „Die wahren Alternativen sind verschwunden, es gibt nur Attrappen von Alternativen [...] Wer zu einer Türe kommt und Einlass begehrt, findet, dass er an des Teufels Türe geklingelt hat. Er wird mit Freuden empfangen."[7]

5 Der kleine Mensch und der große Mensch

Wie wahrscheinlich ist der kosmische Anthropos?

Zu den zentralen Kampffeldern heute gehört die Frage des Menschenbilds. Welchen Wesens ist der Mensch? Darum wird leidenschaftlich gerungen, und alle großen und kleinen Ideologien sind eifrig gemüht, ihr Bild vom Menschen, was er ist und sein könnte oder sollte, als das richtige und universell gültige zu präsentieren und abgrenzend zu behaupten. Das gilt auch für diejenigen, denen die Frage eines wie immer gearteten Menschenbilds schon als solche befremdlich oder „zu philosophisch" erscheint. Hier ist es ähnlich wie mit der Mensch-Kosmos-Frage: Auch wer sie als unbeantwortbar, ideologisch-abstrakt oder irgendwie müßig hinstellt, lebt faktisch und Tag für Tag eine Antwort auf diese Frage. Niemand steht außerhalb der Frage nach dem Bild des Menschen oder der nach dem Verhältnis des Menschen zum Kosmos. Das lässt sich auch auf die Mensch-Gott-Frage ausweiten.

Im konkreten Lebensvollzug beantwortet der Mensch Grund- und Schlüsselfragen, die er nie gestellt hat. Im extremen Fall kann er sie sogar mit Hohn und Spott bedenken – es hilft nichts, er lebt und beantwortet sie. Das ist die geheime Pointe der Sache. Der Mensch kann auch ein bestimmtes Menschenbild vertreten, etwa als Angehöriger einer Religion oder einer sonstigen Glaubensgemeinschaft, das seiner konkreten Lebenspraxis zuwiderläuft, zum Beispiel weil er sich überfordert fühlt, dies aber vor sich selbst und anderen nicht eingesteht. Menschenbilder mit übergreifender Verbindlichkeit, wenn sie nicht von vornherein den Menschen „ganz unten" ansiedeln, wurzeln zumeist in einem metaphysischen Ideal, einem Ziel- und Leitbild, das anzustreben bzw. dem nachzueifern als höchster Wert gilt. Und alles darunter gilt entweder als Annäherung und Stufe auf einem Weg der Bewusstseinsentwicklung, den im Prinzip jeder gehen kann, ja gehen sollte, oder als schlichte Verfehlung, die dann naturgemäß zu ahnden und zu korrigieren ist. Je höher angesiedelt das Ideal ist, um so mehr muss sich der Mensch anstrengen, ihm zu entsprechen, was ihn dann permanent in Atem hält und herausfordert. Wenn etwa Buddhaschaft oder Erleuchtung dieses Ideal darstellen, das nicht in „diesem Leben", sondern erst in einer erheblich späteren Inkarnation erreicht werden kann, wird die Existenz in einen riesigen, geburtenübergreifenden Spannungsbogen integriert, dem sie sich grundsätzlich nicht entziehen kann. Anders bei der Annahme einer nur einmaligen und einzigen Inkarnation. Da ist der Mensch entweder eingespannt zwischen zwei Nichtse, dem vorgeburtlichen Nichts und dem nachtodlichen Nichts, wenn er eine spirituelle Einbettung seiner selbst verneint oder diese für prinzipiell unerkennbar und damit für irrelevant hält. Oder aber er fühlt und glaubt sich auch in dieser Einmal-Existenz, wie immer im einzelnen konstelliert, „in Gottes Hand". Und hier erhebt sich dann sofort die Frage, ob ihm dieses Eingebettetsein in die Gottheit eine Leistung – eine Art Gegenleistung – abverlangt oder ob er sich im Gnadenstand des Beschenkten fühlen darf, dem keine Verpflichtung auferlegt wird.

Die Frage der dem einzelnen abgeforderten Leistung ist eine Basisfrage, egal, wie das Weltbild gebaut ist, das mit dem jeweiligen Menschenbild korrespondiert. Stehe ich als Mensch per se in einer metaphysischen Verantwortung, die ich nicht aufgeben kann, ohne mein Menschsein zu verraten? Stehe ich sozusagen konstitutionell „im höheren Auftrag"? Wer das bejaht (und ich bejahe dies), kann das eigene So-Sein nicht abkoppeln von diesem Auftrag, es ist geradezu identisch mit ihm, es ist der inkarnierte höhere Auftrag. Dieser metaphysische Auftrag schließt alle immanenten Beziehungen, Verpflichtungen und Verantwortlichkeiten ein, die den Menschen als Mit-Menschen und soziales Wesen (das er auch ist) ausmachen, aber er übersteigt sie zugleich, geht also nie darin auf. In diesem Sinn ist der Mensch auf das Absolute hin angelegt; das ist die Vertikalachse seiner Existenz, jenseits aller sozialen Faktoren, die damit nicht geringgeachtet werden, sondern im Gegenteil erst dadurch ihre eigentliche Würde und Tiefe bekommen.

In der Tetralogie klingt immer wieder durch, dass ich dem Menschen eine hohe metaphysische und kosmische Bedeutung zuordne, die ihn geradezu in seiner Existenz fundiert und ermöglicht, auch wenn diese hohe Bedeutung und Fundierung Tag um Tag millionenfach verhöhnt und fast ad absurdum geführt wird, so als sei dieses große Projekt Erdenmenschheit darauf angelegt, die kosmische Menschenwürde irreversibel zu schädigen oder aus den Angeln zu heben. So wirkt es fast peinlich und wie irreal, wie eine idealistische oder literarische Phantasmagorie, wenn jemand, wie ich es tue, angesichts der Lage dieser Erdlinge ernsthaft von der höheren Aufgabe des Menschen und vom kosmischen Anthropos spricht. Wie soll sich etwa in einem Slum von Bombay oder Rio de Janeiro, wie in der Hölle der Erniedrigungen, der Seuchen und der Armut, wie in der waffenstrotzenden Brutalität vielerorts, wie in der Flut der Gewalt und der Schandtaten, auch gegenüber Erde, Pflanze und Tier, so etwas wie der kosmische Anthropos entfalten oder auch nur rudimentär erkennbar sein? Ist nicht die Wahrscheinlichkeit des kosmischen Anthropos extrem gering?

Zumindest wird man wohl sagen müssen, dass der kosmische Anthropos unter Erdbewohnern eine Rarität darstellt, so selten, dass man argwöhnen könnte, es gäbe ihn gar nicht, obwohl er doch manchmal eine erstaunliche Breitenwirkung zu entfalten in der Lage ist; man denke an Gautama Buddha oder Mahatma Gandhi, wohl zwei der wenigen Erden-Anthropoi dieser Art.

In letzter Instanz ist der kosmische Anthropos nicht mehr inkarnierbar; er wirkt dann, als höhersinnliche Gestalt, von einer anderen Seinsebene aus, einer Ebene, die nur den sehr hohen Stufen der transpersonalen Erfahrung zugänglich ist, meist nur in Annäherungen, selten *Face-to-face*. Nicht umsonst trägt mein Buch „Die Anderswelt", das diesen Erfahrungen gewidmet ist, den Untertitel „Eine Annäherung an die Wirklichkeit".

Wenn der Mensch schlechthin auf diese höchste Form seiner Existenz angelegt ist, eben auf den kosmischen Anthropos, dann lässt sich die Annahme rechtfertigen, dass wir hier den eigentlichen und wahren, den „gemeinten" Menschen vor uns haben, auf den menschliches Bewusstseinswerden über viele Inkarnationen hinweg zielt, den es quasi anstrebt. Unterhalb dieser Stufe ist jeder Mensch, auch der edelste, nur ein Auf-dem-Weg, eine Art Vorform, eine Annäherung, ein Entwurf oder ähnliches. Gleichwohl steht jede Etappe auf dem Pfad zu dieser hohen Seinsform in Würde da und ist „unmittelbar zu Gott". Dass man auf diesem Pfad auch stürzen und versagen kann, gehört zur Gefährdung des Menschseins und zum Mysterium der Freiheit. Es gibt keinen spirituellen Determinismus, obwohl eine bestimmte, von weit her kommende Kraft und Wucht der schöpferischen Ausrichtung irgendwann (offenbar erst kurz vor dem Ziel) unumkehrbar wird. Das hat auch für die entgegengesetzte Ausrichtung Gültigkeit.

Bei jeder konsequent vorangetriebenen Ausrichtung werden die Freiheitsspielräume in Bezug auf die Gegenseite immer geringer.

Zur Genesis des Menschen und seiner Entwicklung aus den unteren Reichen heraus verweise ich auf meine „Erlösung der Natur" (etwa S. 92 ff. und S. 158 ff.) und auf „Was die Erde will" (S. 137 ff.). Hier wird mein Gegenakzent zur neo-darwinistischen Evolutionstheorie der bekannten Spielart klar umrissen. Die gesamte Tetralogie ist im Grund dieser Gegenakzent. Dazu gehört die Allgegenwart intelligenten organischen Lebens im Universum, auch und gerade auf jenen Himmelskörpern, die als „Sonnen" im üblichen Verständnis gelten, als superheiße und gasförmige Gebilde. Ich behaupte: Nirgendwo im Weltall gibt es eine einzige glühende Gaskugel, wie sie die klugen Erdlinge imaginieren, die sich ohnehin mehr oder weniger einzigartig vorkommen. Das berühmte anthropische Prinzip (siehe „Was die Erde will", S. 77 f.) scheint nur aus der Retorte gehoben worden zu sein, um den irdischen Naturwissenschaftler zum Omegapunkt der kosmischen Intelligenz zu erklären, vor allem natürlich den sogenannten Kosmologen, wie er heute verstanden wird, das Sprachrohr des Weltgeists, den intimen Kenner seiner Baupläne.

Wenn der Erdling vom Menschen spricht, meint er in der Regel sich selbst, eben den Erdenmenschen, ohne dass er nun eine zweite oder dritte oder x-te Erde irgendwo im All kategorisch verneint. Oft schließt er dabei von seiner eigenen Unfähigkeit auf die Lebensdauer „außerirdischer Zivilisationen". Rund

20 000 Jahre, so ist immer wieder mal zu hören, wird einer solchen Zivilisation zugestanden, ehe sie sich selbst zerstört. Ich weiß nicht, wie man auf diese Zahl kommt, aber der Gedanke als solcher ist ein interessantes Symptom für eine bestimmte Bewusstseinsverfassung, wie sie hier die technisch-wissenschaftliche Welt, aber nicht nur diese, in erheblichem Grad bestimmt. Mit Blick auf die rund 5000 Jahre der irdischen Schriftkultur, der sogenannten Hochkultur, wirken die 20 000 Jahre recht großzügig. Da hätten die Erdbewohner ja noch 15 000 Jahre übrig ...

Ob die irdische Zivilisation der herrschenden Ausprägung überhaupt die nächsten 30 bis 40 Jahre durchhält, erscheint sehr fraglich, unterstellt, alles liefe weiter wie bisher ohne jene weitreichende, ja grundstürzende Verwandlung, die möglicherweise aus der Tiefe des kosmischen Raums zu erwarten ist. Ein Umdenken aus Einsicht und höherer Vernunft dürfte mehr oder weniger auszuschließen sein. Alle bisherigen Erfahrungen sprechen eindeutig dagegen, wobei ich, um das klar zu sagen, die Umdenkungsprozesse, die sich überall vollziehen, keineswegs ignoriere oder geringachte. Nur verkennen die meisten der mir bekannten Ansätze die Tiefendimension der globalen Krise, und zwar bewusstseinsmäßig, geschichtlich und kosmisch. Herbert Gruhls „Himmelfahrt ins Nichts" (so der Titel seines letzten Buchs von 1992) wird auch durch Ervin Laszlos „Weltwende 2012" und die dort vorgestellten Initiativen und Aspekte nicht ungültig gemacht, was keineswegs zu Zynismus und Resignation führen muss. Ohne die Hoffnung auf eine kosmische „Weltwende" würde ich nicht schreiben können.

Seit dem Siegeszug des Darwinismus hat die Frage nach dem Menschen auch eine naturwissenschaftliche Komponente erhalten, die durch Hirnforschung und Neurophysiologie in den letzten Jahrzehnten noch zusätzlich Nahrung und Durchschlagskraft gewonnen hat. Mittlerweile gibt es unsägliche und zum Teil hanebüchene Debatten über Ich, Geist und Willensfreiheit, und das religiöse und humanistische Menschenbild wird auf harsche Weise attackiert. Seine Vertreter sehen sich zu immer neuen Rückzugsgefechten gezwungen. Erschwerend kommen die verbreiteten Bemühungen hinzu, bestimmte Elemente der neurophysiologischen Forschung spirituell, etwa buddhistisch, zu interpretieren und aufzuwerten (eine andere Spielart des bekannten Physik-Mystik-Themas). Dabei wird in der Regel übersehen, dass schon die Debatte über Ich, Geist und Willensfreiheit, wie sie geführt wird und geführt werden muss, eben dies notwendig voraussetzt, was zur Disposition steht: ein lebendiges Ich, das argumentiert, und dies notwendig mit den Mitteln des Geistes bzw. übergreifender geistiger Prinzipien, etwa der Logik, die damit implizit als real gesetzt werden. Und dazu gesellt sich als unverzichtbares Ingrediens die geistige Freiheit, die jede wie immer geartete Diskussion überhaupt erst ermöglicht (andernfalls wäre jeder argumentative Dialog eine Posse und ein Widerspruch in sich selbst).

Der Philosoph Hermann Schmitz, dem wir bahnbrechende Forschungen zur Phänomenologie der Leiberfahrung verdanken, schreibt in seinem Buch „Der Spielraum der Gegenwart“ von 1999: „Von der philosophischen Unruhe, er selbst zu sein, der sich in seiner Umgebung erst finden muss und nicht von selbst hineinpasst, möchte sich mancher Mensch nur zu gern entlasten, zumal in der modernen Welt [...]. Die Naturwissenschaft kommt mit dem großen Prestige, das sie sich durch ihre erstaunungswürdigen Fortschritte und ihre vielfältig hilfreichen Anwendungen auf das menschliche Leben erworben hat, diesem Bedürfnis entgegen, indem sie dem Menschen anbietet, sich zu physikalisieren, das heißt als Objekt unter Objekten in einer durchgängig von Naturgesetzen beherrschten Welt unterzuschlüpfen. Sie reicht dem Menschen gleichsam die Hand zum Sprung der Verwandlung in sein naturwissenschaftlich rekonstruiertes Gehirn, das ihm die Unruhe, er selbst sein zu müssen, abnimmt. Der Mensch, der diesen Sprung in seiner Einbildung geschafft hat, kann die philosophisch beunruhigende Frage ‚Wer bin ich?‘ leicht und deutlich beantworten: ‚Ich bin ein steifer Brei in einem Schädel.‘ Noch gründlicher schafft sich das Problem vom Hals, wer sich selbst abschafft. [...]“[8]

Der letzte Satz bezieht sich auf die von Hirnforschern frohgemut und siegessicher vorgetragene These vom Ich als „Konstrukt des Gehirns“. Ich muss das hier nicht weiter ausführen und kommentieren. – Einen Grundwiderspruch der naturwissenschaftlichenVersuche, den Menschen zu „biologisieren“, habe ich im vierten Kapitel meines Erde-Buchs skizziert, in dem Abschnitt mit dem Titel „Der Selbstwiderspruch des Neo-Darwinismus“, S. 49 ff. Ich habe noch kein Argument gehört, das in der Lage gewesen wäre, diesen unaufgelösten Zirkelschluss der Darwinisten zu überwinden und damit meinen erkenntniskritischen Grundeinwand zu entkräften.

Der philosophische „Kulturalist“ Peter Janich hat die sprachlichen Selbstwidersprüche und Schlampigkeiten sowie die daraus abgeleiteten Behauptungen der Hirnforscher wie kein anderer analysiert und als forsche „Vulgärmetaphysik“ vorgeführt, so in seinem Buch „Kein neues Menschenbild. Zur Sprache der Hirnforschung“ von 2009. Hierzu ein (fast beliebiges) Zitat aus dem genannten Werk. In dem Abschnitt „Mensch und Tier“ heißt es: „[...] Gleichzeitig sprechen nicht nur Biologen, sondern sogar naturwissenschaftsgläubige Philosophen und Theologen von ‚Menschen und anderen Tieren‘, machen sich also gedankenlos die evolutionsbiologische Perspektive zu eigen. Dass diese innerhalb der Biologie, also für biologische Erkenntniszwecke sinnvoll ist, wurde bereits gesagt. Man muss aber fragen, wo sie in der Hirnforschung am Menschen sinnvoll ist, und wenn ja, aus welchen Gründen. Die bloße Bekundung ‚ich als Biologe ...‘ liefert keine Begründung.

Wenn Hirnforscher behaupten, das Gehirn sei ein Organ, dessen Struktur und Funktion ein Produkt einer naturgeschichtlichen Anpassung im Überlebenskampf darstellt, in dem die Aufgabe ‚das Gehirn erforscht das Gehirn' nicht vorkomme und deshalb auf unlösbare Probleme führe, so ist natürlich zuerst die Konsistenzfrage zu stellen. Welches Evolutionsgeschehen hat denn unseren wackeren Hirnforscher oder Neurophilosophen befähigt, ebendieses nun seinerseits festzustellen? Wer kann aus evolutionären Gründen so klug sein, dass er den Menschen aus evolutionären Gründen als zu dumm für zutreffende Selbsterkenntnis halten kann?

Vielleicht durch dieses Beispiel zur Vorsicht gemahnt, darf man die Frage aufwerfen, ob nicht schon die sprachlichen Mittel der evolutionsbiologischen Beobachtung des Gehirns, wie sie einerseits in Lehrbüchern, andererseits in den Erläuterungen für Laien stehen, nicht selbst schon eine Riesenphilosophie, eine gigantische Weltbild- und Weltanschauungsinvestition sind, aber wenig mit empirischer Naturwissenschaft zu tun haben."[9]

Es lohnt sich, diese Sätze zweimal zu lesen und Punkt für Punkt mitzudenken. – Ich selbst bin immer wieder fassungslos, mit welcher Kritiklosigkeit auch kluge und sensible Zeitgenossen – sogenannte Schöngeister und Spirituelle oder im weiten Sinn Kulturkreative – den Wissens- und Weltbildbehauptungen der Naturwissenschaftler gegenüberstehen, so als verstünden sich diese quasi von selbst, als bildeten sie schlicht die Wirklichkeit ab, wie sie eben ist. Die naturwissenschaftlich orientierte Anthropologie (einschließlich ihrer philosophischen Interpreten) liefert nicht den Ansatz eines Menschenbilds, das diesen Namen verdient. Zugleich ist das christlich-humanistische Menschenbild schwer in Bedrängnis geraten, und dies nicht nur durch den Feldzug der Naturwissenschaft, sondern auch durch seine innere Schwäche und Unzulänglichkeit; es kann sehr vieles schlicht nicht erklären, was die Wirklichkeit des Menschen ausmacht, etwa die geistig-kosmische Dimension der Existenz. Der kosmische Anthropos in meinem Verständnis ist weder christlich noch humanistisch abzuleiten oder zu fundieren. Er entzieht sich diesen Kategorien.

Ich glaube, dass der Mensch nur von seiner Höhe aus zu rechtfertigen ist. In gewisser Weise ist wohl nur diese Höhe der Mensch selbst, wie Paracelsus meint. Sie ist im Prinzip in jedem menschlichen Wesen angelegt wie die Möglichkeit zur Buddhaschaft. Der Mensch existiert nur, weil es diese Höhe als Entwicklungspotenzial seiner selbst gibt; sie ist der große und machtvolle Attraktor, der den Menschen aus den unteren Reichen herauszieht, die er durchschreiten musste (siehe meine „Erlösung der Natur"). Aber der Weg nach oben und ins Licht ist lang und voller Gefahren. Man kann stürzen und den „Weg zurück" antreten – Involution statt Evolution des Bewusstseins, regressive Dumpfheit statt Bewusstseinsringen in Richtung auf den kosmischen Anthropos, wobei diese Regression gerade dort oft auftritt, wo sie gar nicht vermutet wird. Der Sog in die Tiefe der Materie, dem die Physiker voll erlegen sind, ist als Symptom regressiver Geistigkeit zu werten. Das gilt für alle ähnlich gelagerten analytischen Projekte und Methodiken, die bekanntlich höchstes Ansehen genießen. Wissenschaft, wie sie heute auf dem Gebiet der Naturforschung betrieben wird, ist zum überwiegenden Teil analytisch-technisch, reduktionistisch und machtförmig. Für andere Ansätze sind in der Regel kaum Forschungsgelder aufzutreiben. Der Molekularbiologe im Labor und vor dem Computerbildschirm, wo die abstrakten Schemen in farbiger Form flimmern und das Denken ersetzen, hat längst den an organischen Gestalten orientierten Biologen alten Stils ersetzt und zum Anachronismus gemacht.

Der moderne/postmoderne Mensch ist weitgehend abgestürzt auf die Betondecke der puren Außenwelt, was ihm, wie man allenthalben sieht, nicht gut bekommt, ja ihn ruiniert. Die Restbestände von dem, was früher als Inneres galt, als intimer Innenraum der Seele, sind zum Kampffeld der Ideologien geworden, von denen jede auf ihre Weise das seelische Innen zum Quasi-Außen machen möchte, zum beherrschbaren Kolonialgebiet gewissermaßen. Und das gelingt auch in erschreckendem Umfang. Die transpersonalen Erfahrungen sind häufig umgürtet und durchdrungen von Fantasy-Kitsch und Wahnelementen aus den Irrgärten der Simulation, die alles Individuelle überlagerm und irgendwann ganz auslöschen.

Die von mir philosophisch-meditativ verfolgte Idee des kosmischen Anthropos ist nicht zu trennen von der Allgegenwart menschlichen Lebens im Universum. Wir sind nie allein, nie isoliert und abgetrennt, schon deswegen nicht, weil kosmische Ferne im räumlichen Außen stets seelisch-geistige Nähe bedeutet. Der Sirius ist, buchstäblich, Nachbars Garten, ein durchaus belebter und auf vielfältige Weise mit uns in Kontakt stehender. Und das meine ich nicht UFOlogisch-technisch. Auch bin ich kein Adept „gechannelter" Durchgaben und Botschaften, die im übrigen, von wenigen Ausnahmen abgesehen, verblüffend irdisch und erschreckend trivial daherkommen. Ich meine es geistig-kosmisch. Auch die abstrakte Verbundenheit des Alls, die im Rahmen quantentheoretischer Postulate populär geworden ist, aber an der Leblosigkeit dieser Art Kosmologie gar nichts ändert, bringt uns keinen lebendigen Schritt weiter.

Hat nicht auch der Erdenmensch, selbst wenn er vollgestopft ist mit den Theorien und Fiktionen der physikalischen Kosmologie, gelegentlich das Gefühl, wenn er in einer klaren Nacht die sogenannten Sterne betrachtet, dass er nicht nur hinaus- und hinaufblickt, sondern zugleich von dort („von oben") angeblickt wird? Viele Augenpaare sozusagen blicken zurück. Das Sternbild Orion wirkt besonders machtvoll in dieser Hirnsicht. Es ist so etwas wie das Sternbild schlechthin …

In naturwissenschaftlicher Deutung der auf die Erde treffenden Strahlungen sehen wir „da draußen" oder „dort oben" in die Vergangenheit, weil das Licht so lange braucht, bis es die schlauen Erdlinge erreicht hat. Nach meiner Überzeugung sind wir über die unendlich bzw. quasi-unendlich schnellen Radial- oder

Raumenergien der Gestirne der kosmischen Umwelt instantan, ohne nennenswerten Zeitverlust verbunden. Das kosmische Licht, das nun spektralanalytisch untersucht werden kann, entsteht erst in relativer Nähe; es wird von den „Sternen" auf direkte Weise nicht abgestrahlt. Alle auf dem Licht und der endlichen Lichtgeschwindigkeit aufbauenden Gedankenkonstruktionen sind illusionär.

Ist der kosmische Anthropos eine wahrscheinliche Gestalt oder Größe? Von der herrschenden Kosmologie aus eindeutig nicht; in diesem Bezugsrahmen ist der höhere Anthropos extrem unwahrscheinlich, eigentlich unmöglich. Nur von einer anderen Kosmologie aus ist überhaupt so etwas wie die kosmische Würde des Menschen, auch des Erdbewohners, denkbar. Wäre ich nur der Einzelne, wären meine Chancen gegen den herrschenden Kosmologiewahn gleich null. Doch „meine Sache" ist nicht nur die meine. Sollte es gelingen, die lebendige Erde doch noch vor dem Planierungs- und Vertilgungsfuror der technisch hochgerüsteten Erdlinge zu retten, was nur über eine kosmische Transformation unvorstellbaren Ausmaßes möglich erscheint (und mit Hilfe der der Erde verbundenen höheren Anthropoi), wird auch jene Kosmologie verschwinden, die das Äquivalent zur ökologischen Krise und zur atomaren Vernichtungsbedrohung darstellt. – Ich sagte es schon: Urknall und Hiroshima gehören eng zusammen. –

6 Anamnesis

Tiefenerinnerung als Erkenntnisweg

Noch einmal will ich Gottfried Benn das Wort erteilen, den wir schon im Zusammenhang mit der „Lage" gehört haben. Dort war, wie wir uns erinnern, auch von der „Platonischen Anamnesis" die Rede. In seinem Prosastück „Der Ptolemäer" von 1947 heißt es: „Ich hatte gelesen, von Plato stamme die Idee der sogenannten Anamnesis, nämlich die Idee, dass alles in uns Erinnerung sei, dass unser Leben nicht das war, was wir sahen und trieben, sondern das, was in uns lag und dem wir bestimmt waren, es in Bildern und Gedanken aufsteigen zu lassen und ihm Ausdruck zu verleihen. [...] Solche Zustände von Anamnesis erlebte ich öfter ... ja, ich konnte sie gelegentlich in mir herbeiführen und sie wurden der Beleuchtungseffekt meiner Existenz und ihrer inneren Überblicke."[10]

Anamnesis, so sagte ich bereits, sei „vielleicht überhaupt die Zentralachse meiner philosophischen Erkenntnisbemühung". Das geht bis in die Mitte der 1960er Jahre zurück. Es war der Philosoph Helmut Krause, der mich hier auf die Spur setzte, der ich bis heute zu folgen versuche. Der Gedanke, dass wir nur das erkennen können, was wir in uns tragen, ja sind, was wir eigentlich und in der Tiefe wissen, aber vergessen haben, hat für mich nie an innerer Überzeugungskraft eingebüßt. Mehr noch: Er ist heute fast noch stärker in mir wirksam und auch verankert als etwa vor zehn Jahren, als ich „Die Anderswelt" schrieb. Als Philosoph fühle ich mich mitunter geradezu als wandelnde Verkörperung des Gedankens der Anamnesis. Jeder Philosoph, wenn er nicht nur Übermittler und Historiker ist, denkt zentral kaum mehr als drei, vier Gedanken; diese bestimmen ihn, ja werden zu ihm. Vielleicht ruhen diese drei oder vier Gedanken auch nur auf einem einzigen, einem sozusagen primordialen Gedanken. Möglicherweise ist dieser bei mir mit dem altgriechischen Wort „Anamnesis" (= Erinnerung) am bündigsten und prägnantesten zu fassen.

Der primordiale Gedanke eines Philosophen ist wohl im Kern eine Zentralintuition, die selbst wiederum aus der Sphäre der Anamnesis stammt. In meinem Fall würde ich sagen: Ich erinnerte mich daran, dass ich mich erinnern müsse, um mich und überhaupt etwas wirklich zu erkennen. Anamnesis stieg als Anamnesis in mir auf und wurde für mich, wie für den Ich-Erzähler in Benns „Berliner Novelle" von 1947, „der Beleuchtungseffekt meiner Existenz und ihrer inneren Überblicke", wobei „Beleuchtungseffekt" in der für Benn typischen Weise ein ironisch gebrochener und auch distanzschaffender Begriff ist, den ich nur mit Einschränkungen übernehme. Gleichwohl ist er treffend und sinnvoll.

Platon hat den Gedanken der Anamnesis, den er aus älteren Quellen übernahm (etwa aus dem Eleusinischen Demeterkult), in seinen Dialogen dialektisch ausdifferenziert, hier stark von Sokrates beeinflusst. Das hat mich nie überzeugt. Mir ging es wie Nietzsche: Die platonischen Dialoge fand ich sperrig und langatmig, soweit sie von der sokratischen Dialektik bestimmt waren. Gelegentlich allerdings brechen andere und tiefere Schichten hindurch (eleusinische, orphische z. B.), und in ihnen manifestiert sich nicht der Sokratiker Platon, sondern eine darunterliegende philosophische Existenz ganz anderer Prägung. Hier erst kommt, wie mir scheint, der Gedanke der Anamnesis zu seiner eigentlichen philosophischen und auch spirituellen Kraft. „Anamnesis" ist, buchstäblich, das letzte Wort in meiner „Anderswelt" (und sie hat auch das letzte Wort). Der 76. und letzte Punkt der „Conclusio" lautet dort:

„Nur in der All-Verbundenheit und als All-Verbundenheit ist das Ich wirklich es selbst. Und der Mensch, worin sonst könnte sich seine höhere Würde entfalten, wenn nicht als kosmischer Anthropos in der Potenzenfülle seiner ‚Gottunmittelbarkeit'? Und nichts anderes meint und ist Erinnerung (Anamnesis)" (S. 234).

Erinnerung überhaupt ist ein seltsames und zutiefst rätselhaftes Bewusstseinsphänomen, das eingelagert ist in die Zeit, aus ihr herauswächst auch in der Überschreitung des erfahrenen Zeitablaufs, die stets eine Art Relativierung des Jetzt bedeutet. Woran erinnere ich mich und wann und warum und woran eben nicht? Erinnerungen, man weiß es, können gelegentlich so stark sein, dass sie den Felsen des Jetzt ins Wanken bringen, sozusagen an seiner gravitativen Verankerung rütteln. Das Vergangene flutet heran, formt sich gestalthaft, steht vor uns wie wirklich und blickt uns an, und es kann sich in diesen Augenblicken der Verdacht einstellen, es sei gar nicht das, wofür wir es ja halten – eben vergangen, verweht, dahin, vorbei. Man argwöhnt dann, dass das Vergangensein des Vergangenen eine Täuschung sei, dass es die Vergangenheit im üblichen Verständnis gar nicht gebe.

Wenn gesagt wird, jemand werde „eingeholt" von seiner Vergangenheit, dann ist damit nicht in erster Linie die Erinnerung des Betreffenden gemeint, obwohl auch das hineinspielt. Vielmehr wird hier von anderen und von außen eine moralische Rechnung aufgemacht, der sich jemand dann nicht entziehen kann, ja soll. Darum geht es gerade. Auch die eigene Erinnerung an Situationen, in denen man versagt hat, einer Herausforderung nicht gerecht geworden ist, einem anderen schweres Leid zugefügt hat, obwohl es vermeidbar gewesen wäre und ähnliches, kann wie ein „Eingeholtwerden" von einer für abgeschlossen gehaltenen Vergangenheit empfunden werden, verbunden mit dem Empfinden der Schuld und der Scham. Auch hier begreift man: Das Vergangene ist gar nicht vergangen. Du entrinnst ihm nie. Immer wird irgendwo eine Rechnung gegen dich aufgemacht, egal ob zu Recht oder zu Unrecht. Das alles ist sattsam bekannt, doch deswegen nicht trivial, sondern von oft tückischer Kraft. Täusche dich nicht darüber!

Anamnesis in meinem Verständnis ist die tiefste oder auch höchste Form der Erinnerung, gewissermaßen die Erinnerung als solche. Alle darunter gelagerten Formen der Erinnerung wirken wie abgeleitet von ihr. Anamnesis ist das Ursprüngliche, und alles ansonsten Erinnerte ist eine Art Sekundärphänomen. Anamnesis ist das Urbild, die Urform der Erinnerung. Deine Erinnerung daran, was du gestern Mittag gemacht oder zu dir genommen hast, beispielsweise, ist nicht per se banal, aber gemessen an der anamnetischen Erinnerung nur ein eher schwaches, vielleicht auch dürftiges Abbild. (Doch ohne Urbild kein Abbild; insofern hat jede Erinnerung eine Verbindung mit der Anamnesis.)

Auch kann die kleine Erinnerung der großen (Großen) dienen, die Einübung des Erinnerns überhaupt kann hilfreich sein, ja ist hilfreich, sich auch tiefergehend oder „höher hinaufreichend“ zu erinnern. Das „gute Gedächtnis“ ist keine Gewähr für ein „anamnetisches Gedächtnis“, jedenfalls nicht so, wie es gemeinhin verstanden wird. Dennoch ist eine gezielte Erinnerungsarbeit an der eigenen Vergangenheit, der eigenen Biografie, die ja strukturell gegen den normalen Zeitablauf gerichtet ist, keineswegs ein müßiges Exerzitium oder gar ein solches, das primär Egomanie fördert und füttert. Es ist eine Grundübung des Geistes und der Meditation, auch der Gestaltwahrnehmung, die jedem ernsthaft Suchenden anzuraten ist. Parallel hierzu, und sei es nur als Gedankenexperiment, ließe sich Schopenhauers „Transzendente Spekulation über die anscheinende Absichtlichkeit im Schicksale des Einzelnen“ (aus den „Parerga und Paralipomena“) heranziehen. Man hat ja manchmal das Gefühl, die eigene Biografie folge einem Plan, der auf irgendetwas zusteuere. Dieses Gefühl kann sich zu einem Ahnen verdichten, das sich asymptotisch dem Wissen annähert. Nimmt man den Plan als gegeben, Freiheitsspielräume da und dort eingerechnet, dann stellt sich die Frage nach dessen Urheber, nach dem verborgenen Spielmeister und Regisseur (sind Urheber und Spielmeister/Regisseur identisch?) Wenn der Plan, der ja ein Ordnungsmuster und ein Ziel hat, mir gilt, meiner spezifischen Biografie, dann muss derjenige, der den Plan entworfen hat, mich kennen, und zwar sehr gut und sehr genau kennen. Und das geht nur, wenn ich schon ein identifizierbarer Jemand und in diesem Sinn eine Gestalt bin, bevor ich mich genötigt sah, diese gerade aktuelle Biografie anzutreten und zu durchlaufen.

Der Plan müsste, wenn ich seine Sinnhaftigkeit unterstelle, auf mich zugeschnitten sein, was natürlich nicht bedeutet, dass seine Erfüllung mir durchgängig schmeckt oder auch nur einleuchtend erscheint. Meine je spezifische Lage an einem bestimmten Punkt meiner Wegstrecke beinhaltet notwendig Blickverengungen, die der Urheber des Plans nicht kennt; er weiß mehr als ich. Auch der Regisseur weiß mehr, vielleicht aber weniger als der Urheber, wenn ich von zwei Instanzen ausgehe (was nicht stimmen muss). Habe ich, bevor ich dieses Inkarnations-Ich wurde oder annahm, an diesem Plan mitgearbeitet, ich meine: bewusst und aktiv? Indirekt bin ich ohnehin mitwirkend, denn der Plan ist auf die mit mir verbundene, ja, mich als „karmisches Bündel" konstituierende Substanz und Form abgestimmt. Er muss „von weit her" kommen und angelegt sein. Dahinein und -hinab oder -hinauf reicht kein Denken. Wohl aber – man ahnt es bereits – die anamnetische Erinnerung, jedenfalls bis zu einem gewissen Grad. Das Senkblei der Anamnesis „führt uns zu den Müttern" (um das bekannte Mythologem aus Goethes Faust II aufzugreifen).

Wenn die Anamnesis auf den höheren Plan zielt, was seine Arche – also seinen Ursprung – einschließt, dann ist notwendig auch das Telos darin enthalten, das Ziel, die Erfüllung, vielleicht gar: die Vollendung als größte Zugkraft des Plans, und mit ihr, wenigstens in der Grundlinie, die Schritte und Stufen dahin. Dann, und nur dann, kann die anamnetische Erinnerung als die an den Plan auch die Zukunft erfassen. Dann gäbe es wirklich so etwas wie die „Erinnerung an die Zukunft". Dann schlössen sich Ursprung und Ziel in der Anamnesis zusammen und kämen in gewisser Weise zur Deckung. (Selbst in der sokratisch überformten und verzerrten Anamnesis-Konzeption Platons schimmert dieser Gedanke hindurch.) Keiner kann ernsthaft denken, dass er sich selbst im Wortsinn „erschaffen" hat. Das gilt dann auch für den Plan (immer unter der Prämisse, dass es ihn wirklich gibt, dass er fortgesetzt wirksam ist und darauf angelegt, dass ich ihm folge, ihm sozusagen nachlebe).

Mit den Freiheitsspielräumen im Rahmen des Plans (wie groß oder klein diese nun sind oder gedacht werden) ist die Möglichkeit des Scheiterns und des Versagens gegeben, und Bewährung im Sinn der Überwindung und Reinigung „karmischer Altlasten" (wir entstammen alle dem Grundstoff „karmischer Altlasten") ist an den rational nicht zu fassenden Faktor der Entscheidungsfreiheit gekoppelt. Inkarniertsein heißt in der Bewährung stehen, in der Entscheidungsfreiheit (zum Kosmos oder zum chaotischen Gegenpol hin, „*tertium non datur*") und – auch dies – im Plan, der zugleich die tiefste Ebene der Zeit ist, wobei es offenbar auch Pläne für Gestirne und Galaxien/Galaxiengruppen gibt (siehe Krause, „Vom Regenbogen").[11] Dann stünde der kleine Plan im großen, und das Schicksal des einzelnen würde zum integralen Teil galaktischer Schicksalsabläufe. Damit wäre man – und ist man – im Vorstellungshorizont einer Astrologie, die die herkömmliche (im Kern geozentrische) weit übersteigt.

Anamnesis ließe sich dann weiterdenken und ausweiten in Richtung auf den galaktischen Plan. Dieser kann nur erinnert werden, weil wir ihm unsere Existenz verdanken: (ich lasse jetzt den Konjunktiv weg) weil wir bis in die feinsten Verzweigungen von Leib und Psyche hinein darin wurzeln, weil wir in unserem schöpferischen Potenzial dieser höhere Plan sind. (Die Rolle der Zahlen hierin soll später erörtert werden.) Auch galaktisch gesehen, gibt es so etwas wie Scheitern und Versagen, wenn wir Helmut Krause folgen dürfen.[12] Nichts, buchstäblich nichts – auch nicht der Wechsel der Jahreszeiten und die Rotation der Erde (und jedes anderen Gestirns) – läuft „einfach so" und in sozusagen platter Immanenz ab.

Die hier verbreitete Imagination von Naturgesetzen, Konstanten etc. in der bekannten Universalität – „alles so wie hier" – und abstrakten Starrheit rechne ich dieser platten Immanenz zu, die allem höheren Denken hohnspricht und schon in erkenntniskritischer Hinsicht unhaltbar ist.

Das kosmische Drama, verstanden als Bewusstseinsringen, spielt sich in der Brust jedes einzelnen ab, im Ich und als Ich mit dem ICH als Attraktor. Die höchste Form der Anamnesis lässt im Ich das ICH (und als ICH) aufsteigen, die „gemeinte" Gestalt des kosmischen Anthropos, die in gewisser Weise immer da ist, uns ständig begleitet, ja uns ermöglicht und trägt. Ein Füllhorn unserer selbst ist schon „dort", wohin es uns zieht, wohin wir wollen und – auch das – sollen, weil wir nur so im galaktischen Plan mitwirkend-schöpferisch tätig sein können, auch als „erlöste Zahl" (siehe das Kapitel über die kosmischen Zahlen).

Es sind Situationen denkbar, in denen ein „Plan A", also ein bestimmter, sehr genau austarierter Plan, nur partiell erfüllt wird, nicht vollständig, und ein unaufgelöster Rest verbleibt, weil etwas eingetreten ist, was die Erfüllung im ursprünglichen Sinn vereitelt hat (ein unerwartetes Wiedererstarken der Gegenkräfte, die schon stark geschwächt waren). Dann tritt „Plan B" in Kraft, was für alle auf „Plan A" eingeschworenen schöpferischen Geister ein schwieriger Vorgang ist, der ihnen viel abverlangt. Erst allmählich begreifen sie, dass auch „Plan B" schon lange vor seinem faktischen Inkrafttreten anwesend und mitwesend und damit wirklich war. Wie immer nun „Plan B" zu „Plan A" steht bzw. aus ihm hervorgegangen ist, ohne Anamnesis war und ist er nicht zu erschließen; er muss erinnert werden. Wenn er nicht erinnert wird, gibt es ihn gewissermaßen gar nicht, was auch seine Erfüllung auslöscht. Indem ich „Plan B" erinnere, um jetzt bei dieser Variante zu bleiben, rückt seine Erfüllung in greifbare Nähe. Nur über die anamnetische Erinnerung an die kosmische Planung kann diese umfassend wirksam werden. Ohne Anamnesis, so möchte ich zuspitzend sagen, ist echte Erkenntnis unmöglich. Als Erkennende, aber nicht nur als Erkennende, sind wir vorrangig anamnetische Wesen. Wir können nur das erkennen, woran wir uns in der Tiefe unserer Existenz erinnern, weil wir in ihm wurzeln, es sind.

So gesehen ist Anamnesis eine Art innerer Weckruf, bezogen auf den einzelnen und bezogen auf den ihn übersteigenden, aber integral enthaltenen kosmischen Plan. Das schließt vorgeburtliche Erinnerungen und Ahnungen unterschiedlichen Grades ein, denen gegenüber jedoch ein hohes Maß an Behutsamkeit und geistiger Redlichkeit (die ohne nüchterne Skepsis nicht zu haben ist) geboten erscheint, wenn man zur Kenntnis nimmt, wie hemmungslos auf diesem Gebiet gewildert wird.

Die „anamnetische Gestaltseele“, die ich in der „Erlösung der Natur“ im Zusammenhang mit den Pflanzen und der Frage der organischen Form eingeführt habe (S. 185 f., S. 215 f.), hat natürlich auch Bedeutung für das Problem der anamnetischen Erinnerung an eine frühere Geburt oder Inkarnation. Kein Zweifel, dass diese Art Erinnerung möglich ist, auch wenn, wie bekannt, das Feld der menschlichen Selbstsuggestion und -täuschung fast entmutigend groß ist, und dies bei gleichzeitiger Abwesenheit übergreifend-verbindlicher Entscheidungskriterien. So ist jeder hier, wenn er nicht Adept einer der einschlägigen Reinkarnations-Ideologien ist, erst einmal auf sich allein gestellt und angewiesen.

Die anamnetische Grundfrage beschäftigt mich seit meinem 21. Lebensjahr. Fast alle Gedanken meines jahrzehntelangen philosophischen Wirkens haben direkt oder indirekt mit ihr zu tun. Ohne die anamnetische Grundfrage, den anamnetischen Grundimpuls in Zeit und Über-Zeit, auch mit Blick auf den kosmischen Plan, wäre mein Denken ohne Fundament und Substanz.

7 Noch einmal zur Frage der „Wirklichkeit hinter der Wirklichkeit"

oder: Wieviel Diesseits hält der Mensch aus?

Wenn man den Menschen ganz im Außen ansiedelt, ihm die metaphysische Dimension abschneidet oder sie zur bloßen „Privatsache" erklärt, wie es ja in der herrschenden Intellektualkultur geschieht, dann zwingt man ihm eine Schizophrenie auf, die ihn in der Regel heillos überfordert.

Der megatechnische Pharao duldet keine eigenlebendigen Innenwelten, wenn diese mehr zu sein beanspruchen als unverbindliche Spielwiesen, etwa künstlerischer Art, oder als religiöse bzw. spirituelle Glaubenswelten. Besonders schön, wenn diese Glaubenswelten das technisch-abstrakte Projekt, wie es sich in der modernen Naturwissenschaft paradigmatisch bekundet, metaphysisch aufwerten und geradezu unterfüttern. Da hat sich stets vorrangig die Quantentheorie angeboten, von der dann das ganze „Physik-beweist-Mystik"-Thema seinen Ausgang nahm.

Die berühmte Toleranz, von der viele Zeitgenossen gerne mit moralischem Impetus reden, wurzelt letztlich in der strengen Vorgabe des megatechnischen Pharaos, die einzig das Technisch-Abstrakte und im weiten Sinn Wissenschaftliche als verbindliche Norm zulässt. Der Rest wird dem Tanzplatz der Meinungen und der Glaubensfaktoren überantwortet. Da keiner über metaphysisches Wissen verfügt, verfügen kann, ja darf und soll, steht Meinung gegen Meinung, Glauben gegen Glauben. Der Faktor Toleranz ist dann so etwas wie ein Moderator, der tatsächlich sozial hilfreich sein kann, aber natürlich unwirksam wird, wenn der jeweilige Glaube drängt und glüht. Auch die Innenseite des Menschen wird in der „pharaonischen Intellektualkultur", der der technisch-wissenschaftlichen Welt, dem genannten Rest und Tanzplatz zugeschlagen, was zur Folge hat, dass der einzelne ohne metaphysischen Halt und Ankergrund über einem gähnenden Abgrund hängt, sich selbst ein quälendes Rätsel und Fragezeichen (für das dann der Psychiater zuständig ist). Auf eine Kurzformel gebracht: Eine kollektiv verbindliche Außenseite steht einer weitgehend nebelhaften, vereinsamten und unverbindlichen Innenseite gegenüber.

Diese Spaltung wird noch dadurch verstärkt, dass selbst diese Innenseite im technisch-abstrakten Projekt letztlich zur Außenseite wird, zum zwar noch nicht vollständig erfassten und verstandenen, aber doch im Prinzip der dinghaften Außenwelt zugehörigen Etwas. Das ist, wie bekannt, die Prämisse und auch

Marschroute des Reduktionismus. Dass das zu erkenntnistheoretischen Zirkelschlüssen führt und führen muss, liegt eigentlich auf der Hand.

Was hat das mit der Frage nach der Wirklichkeit zu tun, genauer: der nach der „Wirklichkeit hinter der Wirklichkeit"? Zunächst einmal schlicht dies: Die Innenseite des Menschen, die auch die „der Welt" sein müsste (wenn dieser Analogieschluss trägt), ist Bewusstsein. Geist oder Bewusstsein ist grundsätzlich innen, auch wenn dieses Geist-Innen oder Bewusstseins-Innen alles Äußere durchstrahlt, durchwirkt und hält. Bewusstsein ist die unsichtbare Wirklichkeit hinter der sichtbaren, greifbaren, der physisch-sinnlichen Wirklichkeit. Das Verhältnis dieser beiden Wirklichkeiten hat die Denker seit Jahrhunderten in Atem gehalten, und jeder Mensch, egal wer er sei, hat sich diesem Verhältnis in irgendeiner Form zu stellen. Und er tut es auch, direkt oder indirekt.

Der Mensch ist in seiner Innenperspektive ein ichhaftes Bewusstseinswesen. Das Ich ist nicht hintergehbar, auch im Wir, im Du und im sogenannten Unbewussten nicht. Das gleiche gilt für alle höheren, das Ich übersteigenden Bewusstseinsformen und -ebenen. Das Ich ist Schauplatz und Akteur, und es ist beinahe unerheblich, wie man nun ideologisch oder weltanschauungsmäßig zu ihm steht. Durch es hindurchschlüpfen kann man nicht. Ich kann nicht durch mich hindurchschlüpfen, mich nicht mit einem wie immer gearteten Trick aushebeln.

Ob nun präpersonal oder transpersonal – das Personale, also Ichhafte, bleibt die Bezugsgröße. Auch für alle diejenigen, die das Ich zur Illusion machen wollen. Sämtliche ihrer Argumente gehen vom Ich aus. Und es gibt starke Indizien dafür, dass hinter oder in dem kleinen Ich ein großes Ich = ICH steht und wirkt, das auch den Tod überdauert. Überhaupt ist die Ich-Frage eng an die Todesfrage geknüpft; fast sind beide Fragen identisch. Wohlgemerkt: fast, und das verweist auf eine Differenz, die offenbar zur *Conditio humana* überhaupt gehört. Und damit wird auch die Frage der Gestalt oder Form berührt. Wie tief hinab oder hinauf reicht die menschliche Gestalt als Leib? Gibt es ein Ich (oder ICH), das in einem absoluten Sinn jenseits der Form als Leib existiert? Wer diese Frage bejaht, muss dieses leibfreie Ich-Sein (ICH-Sein) dann jenseits der Vorstellbarkeit ansiedeln, was naturgemäß ein Darüber-Reden, außer in der Negation, unmöglich macht. Vielleicht sollte man die Frage nach dem Ich oder ICH so weit nicht vorantreiben, um nicht einem abstrakten und lebensfernen Mystizismus zu verfallen.

Die „Wirklichkeit hinter der Wirklichkeit" ist das Bewusstsein hinter oder in der materiellen Welt. Und das lässt sich schon von der Ebene des „Normalbewusstseins" aus plausibel machen. Als Bewusstseinswesen ist jeder Mensch ein Metaphysikum, eine unsichtbare Wirklichkeit, und dies sowohl für sich selbst als auch für alle anderen. Das macht die Menschen so abgründig, so unauslotbar, selbst in ihrer Trivialität und bewusstseinsmäßigen Dumpfheit. Was sich in der Sinnenwelt manifestiert bzw. in diese hineinragt, ist nur die vorderste Front dieses Bewusstseins-Metaphysikums. Dahinter wirken ältere und tiefere Schichten, die den einzelnen mit der langen Kette seiner Geburten bzw. Inkarnationen verbinden. Das Ich-Bewusstsein des Menschen wurzelt in einem (meist abgedämpften und kaum zugänglichen) ICH-Bewusstsein. Je ausgereifter das Bewusstsein ist, um so stärker kann sich das dem kleinen Ich zugrundeliegende ICH als bestimmender Wirkfaktor zeigen. Das ganz auf die Körperwelt fokussierte Ich (man könnte vom Diesseits-Ich reden) repräsentiert einen vergleichsweise winzigen Ausschnitt im Spektrum des menschlichen Bewusstseins. Doch selbst in diesem schmalen Fenster, auf das sich viele beschränken, ist die Kraft und Weite der Anderswelt spürbar.

Hier möchte ich anmerken, dass mir das Buch „Otherworld Journeys“ (Untertitel: „Accounts of Near-Death Experience in Medieval and Modern Times“) der Harvard-Theologin Carol Zaleski den Gedanken eingab, das Wort „Anderswelt“ aus der keltischen Mythologie für die höhere Bewusstseinswirklichkeit hinter oder in der Welt der Erscheinungen zu verwenden. (Das Buch erschien 1993 bei Insel unter dem Titel: „Nah-Todeserlebnisse und Jenseitsreisen“.) Das hat sich als durchaus sinnvoll und fruchtbar erwiesen, und dies, obwohl es stets einen Rest von Zweifel in mir gab, ob der Begriff „Anderswelt“ nicht auch etwas Einengendes haben könnte. Ich wusste ja, dass die Kelten ihre „Anderswelt“ als eine Art feinstoffliches Double der Sinnenwelt betrachteten. Und das war keineswegs das, was ich mit der höheren und anderen Wirklichkeit verband, wie mein Buch „Die Anderswelt“ belegt. Ein ähnlich einengender und schwieriger Begriff ist das Wort „Jenseits“, das ja aus der geozentrischen Kosmologie stammt und ein räumliches Anderswo bezeichnete, genauer: ein solches oberhalb der die Erde umhüllenden, unsichtbaren Kristallschalen. Zu „Jenseits“ in diesem Sinn gehört „Diesseits“ als Hier und Jetzt auf der Erde, weit entfernt von der göttlichen und „überirdischen Sphäre“, ein Ganz-weit-Unten.

Die höhere und andere Bewusstseinswirklichkeit ist nach meiner Überzeugung ständig vorhanden, unaufhörlich in die Sinnenwelt hineinstrahlend und hineingreifend. Die Anderswelt (in diesem Sinn) durchdringt und trägt die Erscheinungswelt, die augenblicklich kollabieren würde, entzöge man ihr auch nur für den Bruchteil einer Sekunde ihr andersweltliches Fundament. Die Anderswelt ist in der tiefsten Tiefe wohl der Raum selbst. „Weltraum ist Weltseele“, wie Helmut Krause sagt. Und so ist das Tiefenbewusstsein des je Einzelnen, die tiefste oder höchste Ebene des ICH, so etwas wie sein Raum-Selbst oder Weltseele-Selbst. Der Weltraum ist weder tote Leere noch so etwas wie ein Quantenvakuum, sondern unendliche Bewusstseinswirklichkeit, unendliches Leben, unendliche Formenfülle. Die Einzelseele wurzelt in der Weltseele, ja ist diese. Wenn man den Menschen, wie es in der herrschenden Intellektualkultur geschieht, zum puren Außenwesen macht, zum Ding unter Dingen, zum bloßen Körper (der sich natürlich alles mögliche zusammenphantasieren kann), dann stößt das den einzelnen in ein unlösbares Dilemma. Er sieht sich genötigt, das eigene Ich-Sein, dem die metaphysische Verankerung fehlt, nun ganz auf die sinnliche Welt zu beziehen, ganz auf die Immanenz. Viele bringt das dazu, sich selbst permanent zu inszenieren, weil ja nur über diese Selbst-Inszenierung die Realität des eigenen Ich-Seins zum Ausdruck gebracht werden kann. Die traurigen und unappetitlichen Erscheinungsformen dieses Dilemmas lassen sich allenthalben studieren. Wenn das Ich nichts mehr weiß vom ICH und es in sich nur eine leere Stelle fühlt, die ständig von außen gefüttert werden muss, dann wird das Ich zugleich zur tonnenschweren Last, die den einzelnen fast erdrückt. Niemand kann das eigene Ich im puren Immanenz-Bezug tragen und ertragen.

Insofern kann man sagen: Das totale Diesseits hält kein Mensch aus, jedenfalls nicht auf Dauer. Spätestens in Todesnähe wird dies deutlich, dann meist schockartig. Viele Menschen sind zerfressen von der Angst vor dem Tod. In der reinen Immanenz ist der Tod die schwarze Wand, auf die das Körper-Ich aufprallt. Die ganz Schlauen unter den Matadoren der Immanenz erklären alle spirituellen Vorstellungen zu Hilfskonstruktionen des Menschen, der seinen eigenen Tod, seine eigene Endlichkeit nicht ertragen kann. Es hat etwas Verblüffendes, dass diese dürftige These immer wieder mal von irgend jemandem vorgetragen wird. Das heißt nicht, dass es nicht auch etliche Hilfskonstruktionen über die andersweltliche Wirklichkeit bzw. das Jenseits gäbe, häufig verdinglichender Art, angefüllt mit kulturellen und sonstigen projektiven Elementen. Und dogmatisch festgezurrte Jenseitsvorstellungen sind auch starke Einengungen; sie stehen der Einengung der puren Immanenz nicht nach. Zu fragen ist natürlich, ob es Andersweltwahrnehmungen ganz außerhalb von projektiven und kulturellen Elementen gibt oder auch nur geben kann. Im Prinzip müsste das möglich sein, jedenfalls bis zu einem bestimmten Grad. Ich würde sagen, dass die projektiven Faktoren geringer werden, je höher hinauf das Bewusstsein steigt. Irgendwann strahlt die Wirklichkeit in eigenster Kraft und Klarheit. Schwer zu sagen, ob diese Wirklichkeitsstrahlung in der inkarnierten Existenz, wenn sie sich denn einstellt, dauerhaft zu halten ist. Ich würde das eher bezweifeln. Die tiefste oder höchste Wirklichkeit ist nicht mehr inkarnierbar.

Wer sich „von dort“ wieder in einen Körper hineinbegibt, etwa über ein Opfer (als „Bodhisattva“), taucht erneut ein in die beschränkenden und täuschenden Faktoren, die die Sinnenwelt konstituieren. Und diese sind dann nur über die Anamnesis zu durchstoßen.

Wer den Menschen zum bloßen Körper macht, spricht ihm natürlich auch die anamnetische Qualität und Befähigung ab. Anamnesis ist das Tor zur Anderswelt. Ohne Anamnesis kann gar nichts im tieferen Sinn wirklich erkannt werden. Anamnesis ist auch der Schlüssel zur vorgeburtlichen Erinnerung bis in ferne Tiefen hinein. Jedes Bewusstseinswerden ist ein Prozess der Annäherung an die Wirklichkeit am Leitfaden der Anamnesis …

Wie steht die Anderswelt zur Sinnenwelt? Die Frage hört sich schlicht an, ist aber ein Abgrund. Wenige Fragen sind so schwer zu beantworten wie diese. Warum das so ist, lässt sich noch vergleichsweise leicht einsehen. Denn wenn die Anderswelt eine oder die höhere Wirklichkeit darstellt, die die Erscheinungswelt durchdringt und trägt, dann ist sie ja ständig anwesend, dann können wir sie schlechterdings gar nicht verlassen. Aber welche Form oder Gestalt hat diese ständig anwesende und mitwesende Wirklichkeit? Nichts spricht dafür, dass wir es mit einer formlosen Wirklichkeit zu tun haben, eine solche wäre nicht in der Lage, eine so geformte Welt wie diese hervorzubringen. Konsequent weitergedacht hieße das, dass jede Form in der sinnlich erfahrbaren Welt ihr andersweltliches Äquivalent bzw. ihre andersweltliche Quellsphäre oder Ursache haben müsste. Oder nicht? Man stößt also frontal auf die Urbild-Abbild-Frage, wie sie etwa im Platonismus philosophisch reflektiert wurde.

Die Rose oder der Käfer, die menschliche Gestalt im sozusagen Grundsätzlichen und dann im Besonderen, Individualisierten, der Kristall und das Gestirnganze und vieles mehr, alles dies wäre dann notwendig die Emanation oder Wirkung (Auswirkung) von dahinterstehenden andersweltlichen Formen und Quellgrößen. Diese Formen werden nicht deckungsgleich sein mit den auf sie zurückgehenden irdisch-sinnlichen Gestalten, aber einen Formzusammenhang, wie immer der nun konstelliert ist, muss es geben. Dieser ist schwer zu fassen. Die andersweltlichen „Urformen“ prägen zwar die sinnlich-physischen Formen, aber sie gehen nicht in ihnen auf; es bleibt eine ontologische Differenz, die rational und kausal kaum zugänglich erscheint. Wo ist die Anderswelt-Rose in der sinnlichen Rose, beispielsweise? Abgreifbar und messbar ist die höhere Rose jedenfalls nicht, auch nicht über irgendwelche „biologischen Felder“. (Die diese Felder nach dem Muster der Physik ins Spiel bringen, sind meist Quasi-Materialisten. Eine „Wissenschaft des Lebens“ ist per se unmöglich. Alle in diese Richtung gehenden Versuche werden dem Phänomen „Leben“ nicht einmal ansatzweise gerecht.)

Oder mit Blick auf den Menschen: Es gibt immer einen „Menschen hinter dem Menschen“, eine nicht greif- und fassbare andersweltliche Figuration, die den einzelnen, wie er sich als inkarnierte Existenz darbietet, weit übersteigt. Oft fühlt man im Gegenüber den anderen, weiteren, tieferen, den, wenn man will, „eigentlichen“ Menschen. Den gab es schon, bevor sich der Betreffende in diese Inkarnation hineinbegab, und er wird auch bleiben, wenn der physische Tod eingetreten ist. Das heißt nicht, dass der Vor-Geburt-Mensch als andersweltliche Gestalt und der Nach-Tod-Mensch als andersweltliche Gestalt identisch wären. Dann würde ja der Durchlauf durch die je spezifische Inkarnation gar nichts bewirken. Man kommt im Tod als ein Anderer heraus, als man vor der Geburt war. Der Durchgang durch die inkarnierte Existenz kann den einzelnen „weiterbringen“ in Richtung auf ein höheres Bewusstsein, aber er kann auch den genau entgegengesetzten Effekt haben, als Abstieg, ja Absturz in niedrigere Bewusstseinsstufen.

Im übrigen dürfte jeder Mensch als andersweltliche Gestalt (egal, welchen Weg er nun beschreitet) erheblich mehr sein, als sich in einer einzelnen Inkarnation ausdrücken und ablesen lässt. Dieses „Mehr“ wird gelegentlich auch spürbar. Wie im Kind schon der Jugendliche und der Erwachsene angelegt ist, so in einer bestimmten Verkörperung eine spätere, die schon jetzt in unterschiedlichen Graden wirksam ist. Auch Vergangenheitsschichten werden zu Zeiten erkennbar, und im Heutigen und Jetzigen kann dann der Frühere aufscheinen. Vergangenheit, Gegenwart und Zukunft des einzelnen ruhen in der geburtenübergreifenden Gesamtgestalt, als ein über-zeitliches Nebeneinander, das sich im Nacheinander der Geburten und Tode entfaltet.

Wer bist du jetzt? Wer bist du als geburtenübergreifende Gestalt (= ICH)? Ahnst du, was es mit dir auf sich haben könnte und was dich in diese jetzige Inkarnation gebracht oder getrieben hat? Wohinaus will es mit dir?

8 Leitfiktion und Fetisch

Warum der Urknall keine seriöse Physik ist

In der ersten „Spiegel"-Ausgabe des Jahres 2008 erschien ein Interview mit dem Physiker Robert Laughlin, Nobelpreisträger von 1998, mit der als Zitat ausgewiesenen Überschrift „Der Urknall ist nur Marketing". Hierin heißt es unter anderem:

„SPIEGEL: Und was ist Wahrheit? Dass das Universum im Urknall entstanden ist?

Laughlin: Das ist Unfug. Viele Leute stellen mir quasireligiöse Fragen. Woher wir kommen, wie das Universum entstanden ist und so weiter. Da kann ich als Physiker nur antworten: Da bin ich kein Experte, ich bin einzig und allein ein Experte in Sachen Experiment und Messung.

SPIEGEL: Aber es gibt doch durchaus Messungen, die das Urknallszenario stützen: die Rotverschiebung des Lichts ferner Galaxien, die Verteilung von Wasserstoff und Helium in Universum ...

Laughlin: ... ja, und außerdem der Mikrowellen-Hintergrund. All das sind echte Daten. Aber das Urknallszenario ist nur eine Art Synthese daraus, eine Theorie.

SPIEGEL: Und was ist in Ihren Augen der Wert einer solchen Synthese?

Laughlin: Letztlich ist das nichts als Marketing. Wenn wir unseren Kindern etwas beibringen, dann reden wir zuerst von unseren Vorstellungen und Ideen, weil das leichter zu verstehen ist. Aber was für mich als Physiker wirklich zählt, das sind allein die Daten. [...]"[13]

Etliche Urknall-Gläubige hat dies damals erheblich irritiert, allerdings nur kurzzeitig, im übrigen auch nur deshalb, weil Robert Laughlin mit der Autorität des Physik-Nobelpreisträgers spricht. Das verschafft ihm einen Bonus, der keinem „normalen Physiker" eingeräumt wird, zu schweigen von einem Philosophen. Die „quasireligiösen Fragen", die Laughlin bespöttelt, werden von vielen seiner Kollegen mit Vehemenz, ja Inbrunst beantwortet. Und diese Fragen und die von den Physikern und Kosmologen ex cathedra gegebenen Antworten sind es in erster Linie, was die meisten an der ganzen Sache interessiert. Die Medien sind, wie man weiß, flächendeckend auf „Urknall-Linie"; das gilt auch für Fachzeitschriften. Die Urknall-Kritiker unter den Physikern wissen ein trauriges Lied davon zu singen. Die wenigen Journale, die hier eine Ausnahme machen, spielen in der Öffentlichkeit eine eher geringe Rolle. Entsprechendes gilt auch für die Verlage.

Erkenntnistheoretische Grundfragen, die geeignet sein könnten, lange gehegte und geradezu liebgewordene Modelle anzuzweifeln, haben keinerlei Kurswert – schon gar nicht, wenn diese Modelle dem Zeitgeist entsprechen, dem die meisten Wissenschaftler viel stärker verpflichtet sind, als sie je zugeben würden. Besonders die sogenannten Kosmologen kennen natürlich ihr enormes Renommee in der Öffentlichkeit, und sie spielen auf dieser Tastatur; zu genau wissen sie, dass die meisten nicht wirklich nachvollziehen und mitdenken können, was in ihren Formeln und Behauptungen steckt, und ihre metaphysischen Prämissen sind in der Regel ihnen selbst gar nicht bewusst. Sie nehmen sie als selbstverständlich, schon deswegen, weil sie eine Art Geschäftsgrundlage ihres Tuns darstellen. Warum soll man diese in Frage stellen, also etwa das sogenannte kosmologische Prinzip? Damit ist die Annahme gemeint, „dass das All in seiner Gesamtheit überall so aussieht wie in unserer Nachbarschaft".[14]

Etwas abstrakter wird gern vom Prinzip der Homogenität und Isotropie des Universums gesprochen. Auch darf es keine „Standortschädigung" geben, also es darf der Beobachter, etwa der auf der Erde, durch den eigenen Standort keine so weitreichende Veränderung oder Verzerrung seiner Perspektive erfahren, dass er sozusagen strukturell außerstande ist, irgendwelche sinnvollen und objektivierbaren Aussagen über die kosmische Umwelt zu machen. Anders gesagt: Mit einer kosmischen Brille auf der Nase, die der Beobachter (egal wo) nicht ablegen kann, weil sie durch seinen Standort bedingt ist, lässt sich nichts aussagen über die Beschaffenheit „des Ganzen"; dann kann es keine wie immer geartete Kosmologie und kein Weltmodell geben.

Bis zu einem gewissen Grad haben wir auf der Erde, im weiteren Sinn auch: im Sonnensystem, eine derartige Brille auf, die unsere Wahrnehmung der näheren und weiteren kosmischen Umwelt bestimmt und entscheidend einschränkt. Diese Brille ist das Radialfeld bzw. Raumenergiefeld der Erde. In analoger Form haben alle Himmelskörper für die jeweiligen Bewohner (wenn es welche gibt) eine derartige kosmische Brille. Diese ist nicht physikalisch-theoretisch, nicht abstrakt zu überwinden, sondern nur seelisch-geistig, über eine zum Kosmischen gesteigerte Vertiefung und Weitung des Bewusstseins. Nur so kann man sich der kosmischen Intelligenz annähern, über die handelsübliche physikalische Kosmologie ist dies nicht möglich. Deswegen wirken die herausgestellten Ergebnisse auch so absonderlich, ja abstrus. Dass dies die meisten Zeitgenossen gar nicht so empfinden, ist mir bewusst.

Wenn die dunklen Linien in einem Spektrum ungefähr gleichmäßig verteilt sind, ruht die jeweilige Lichtquelle in Relation zum Beobachter. Das ist ein unbezweifelbares empirisches Faktum auf der Erdoberfläche. Man gerät schon ins Spekulative, wenn man etwa das Sonnenlicht spektralanalytisch betrachtet und auf das Vorhandensein glühender Gase auf der Sonne schließt, wie dies seit Gustav Robert Kirchhoff üblich ist. Ohne die Radialfelder von Sonne und

Erde sind derartige Schlüsse, die ich hier als spekulativ bezeichne, fast unausweichlich. – Bewegt sich eine Lichtquelle vom Betrachter weg, verlagern sich die dunklen Linien zum roten Ende des Spektrums hin, die sogenannte Rotverschiebung. Die meisten Spektren der Galaxien zeigen unterschiedlich große Rotverschiebungswerte. Je weiter entfernt die jeweilige Welteninsel ist (oder besser: angesetzt wird), um so stärker sind die Linien nach Rot hin verschoben. Dies lässt sich über den Doppler-Effekt als reale Fluchtbewegung der Galaxien von uns weg interpretieren, wie es auch früh geschehen ist. Allerdings gab es von Anfang an jene seltsame Koppelung an ein Weltmodell, in dem sich – Gipfel des Absurden – der Raum selbst ausdehnt, der dann seinerseits die Galaxien mitträgt oder -zieht. Damit wurde der aristotelisch-geozentrische Raum, das antike und mittelalterliche Weltmodell (die Kugelwelt, die keine Außenkrümmung haben darf), nicht nur wiederbelebt, sondern sozusagen eine weitere Spirale ins nun schlechthin Monströse hochgedreht.

In seinem Buch „Der Baustoff der Welt" deutet Helmut Krause die Rotverschiebung der Galaxienspektren als Folge der sinkenden Raumenergieverstrahlung der Erde, die ein schwindendes kosmisches Sichtvermögen der Erdbewohner bedeutet. Die kosmische Umwelt scheint sich von der Erde zu entfernen; der Sichthorizont schwindet. Im „Baustoff der Welt" heißt es hierzu unter anderem: „Infolge der radialen Struktur des Energiefeldes muss sich die Felddichte von einer bestimmten Entfernung vom Erdkern als zu gering erweisen, um noch imstande zu sein, Energiestrahlen ferner Gestirne in unser Blickfeld zu steuern. Nimmt nun die Intensität, also die Dichte des Raumenergiefeldes ab, so muss sich diese Grenze auf uns zu bewegen. Dem irdischen Beobachter muss sich dieses Schwinden des kosmischen Gesichtsfeldes in einem Sich-Entfernen oder einer Art Fluchtbewegung ferner Weltkörper bemerkbar machen. Aus der radialen Struktur des Raumenergiefeldes folgt weiter, dass der Grad der scheinbaren Entfernungsgeschwindigkeit mit der Kernentfernung zunehmen muss. Die fast allgemein zu beobachtende Rotverschiebung in den Linienspektren der Spiralnebel, die auf eine scheinbare Fluchtbewegung schließen lässt, und die Zunahme der Rotverschiebungswerte mit wachsender Entfernung von der Erde weisen eindeutig darauf hin, dass die Minderung unserer eigenen Feldintensität in indirekter Weise gleichsam messbar geworden ist. Wenn sehr wenige Spiralnebel davon eine Ausnahme machen, dann ist diese auf deren enorme Zunahme der Verstrahlungsvorgänge im Aufwärtsgang der Entwicklung zurückzuführen."[15]

Ich finde diese Deutung überzeugend, jedenfalls im Grundsätzlichen. Ob sie im Detail mit allen Beobachtungsdaten kompatibel ist, weiß ich nicht. Hinzu kommt, dass schon die meisten der „Daten", auf deren Relevanz, wie wir gehört haben, Robert Laughlin verweist, nicht einfach gegebene Größen sind, sondern bereits Interpretationen, was bei der behaupteten Häufigkeit bestimmter Elemente im Universum besonders augenfällig wird. Diese Behauptung resultiert aus spektralanalytischen Beobachtungen und deren Auswertung gemäß der herrschenden physikalischen Kosmologie (die bereits selbst eine Fiktion ist). Dass Rotverschiebungen und scheinbare Helligkeiten keine zuverlässigen Indikatoren für die jeweiligen Entfernungen sind, worauf die Gegner der Urknalltheorie unter den Physikern mit Recht verweisen, kann auch von Krauses Intuition und Denkansatz aus plausibel gemacht werden, die ich versucht habe, auf meine Weise aufzugreifen und weiterzudenken. Ich wünschte mir mehr Mitstreiter hierin, aber darüber zu klagen ist müßig.

Die intelligenteste Version, den Urknall rein physikalisch zu entkräften (also ohne Radialfeld im Sinn von Krause und Kirchhoff), stammt von dem Astrophysiker Hans Jörg Fahr. Sein Buch „Der Urknall kommt zu Fall" von 1992 ist seit langem schon nur noch antiquarisch zu erhalten.[16]

Das war bereits vor zehn Jahren so, und wenn mir Fahr das Buch nicht zugeschickt hätte (als Reaktion auf meinen Bruno-Essay in „Sterne und Weltraum", der auch urknallkritische Töne anschlägt), wäre mir wahrscheinlich verborgen geblieben, dass es dieses Buch gab bzw. gibt. Dass die berühmte Mikrowellenstrahlung, die 1965 entdeckt wurde, als Beweis für das Urknallmodell herangezogen wurde, fand ich frappierend. Sie wurde als Rest jener superheißen Strahlung gedeutet, die man für die angenommene Ur-Explosion unterstellte; diese extreme Hitze habe sich dann auf die heutigen 2,73 Grad Kelvin abgekühlt. Die Voraussetzungen und Behauptungen, die sich hier übereinandertürmen, sind atemberaubend und ein Hohn auf jede kritische Vernunft. Bekanntlich gelangt diese Wärmestrahlung weitgehend gleichförmig aus allen Richtungen zu uns, was vermuten lässt, dass sie auf die Wechselwirkung des Radialfelds der Erde (mit Überlagerungseffekten der Sonnen- und Sonnensystemstrahlung) und der umliegenden Gestirne/Gestirngruppen zurückzuführen ist. Schon diese Gleichförmigkeit hat den Urknall-Kosmologen von Anfang an große Schwierigkeiten bereitet; so war es naheliegend, dass man verzweifelt nach (ohnehin winzigen) Irregularitäten suchte, die so etwas wie die Galaxienbildung wenigstens rudimentär verständlich machen könnten.-

Das Jahr 2000 wurde von den Physikern als „Jahr der Physik" ausgerufen. Hierzu passte gut eine medienwirksame Großveranstaltung zum Thema Urknall, die am 5. April 2000 in der Berliner Urania, in Zusammenwirken mit der Deutschen Physikalischem Gesellschaft, vor 800 Zuhörern/Zuschauern durchgeführt wurde und die dann in Auszügen auf mehreren Fernsehkanälen lief. Die Veranstaltungsform war eine Podiumsdiskussion unter Leitung des bekannten Fernsehmoderators für Wissenschaftssendungen Ranga Yogeshwar. Es versteht sich, dass die ganze Veranstaltung einen rundum affirmativen Charakter hatte und in erster Linie der Selbstdarstellung der „Urknall-Physiker" in der Öffentlichkeit dienen sollte. Ob dieses Ziel erreicht wurde, lässt sich schwer sagen, denn die

Debatte auf dem Podium entwickelte sich komplett anders, als geplant. Zu meiner eigenen Überraschung hatte man mich als Mitdiskutanten zu dem Podium eingeladen; irgend jemand musste mich empfohlen haben. So befand ich mich dann an jenem 5. April 2000 als Vertreter der Philosophie auf der Bühne, neben dem Philosophieprofessor Hans Poser von der Technischen Universität Berlin. Weitere Gesprächsteilnehmer waren der Staatssekretär im Forschungsministerium Wolf-Dieter Catenhusen sowie – die eigentlichen Akteure – die Physiker Hans-Walter Rix, Direktor des Max-Planck-Instituts für Astronomie in Heidelberg, Peter Braun-Munzinger, Direktor der Gesellschaft für Schwerionen-Forschung, und Paul Soeding, ein Teilchenphysiker.

Ich war gut munitioniert in die Runde gegangen und hatte mir vor allem die Haupt-Schwachpunkte des Urknallmodells noch einmal sehr genau und differenziert vor Augen geführt und diese in Kurzform, in knappen Thesen, aufgeschrieben und abrufbar memoriert. Das erwies sich als sehr effektiv, zumal die anderen Diskutanten, wie sich schnell zeigte, damit in keiner Weise gerechnet hatten. In der ersten Fragerunde schon, als ich an der Reihe war, drehte sich die Grundrichtung der Diskussion. Yogeshwar fragte mich sinngemäß, wie sich der Urknall philosophisch und spirituell deuten ließe. Ich griff die Frage kurz auf und bekundete dann meine Zweifel an der Urknalltheorie, die ich im weiteren Verlauf argumentativ zu untermauern versuchte.

Ich tat dies mit dem vorausgeschickten Statement, ich wolle jetzt einmal den *Agent provocateur* spielen. Ganz bewusst hatte ich diese doppeldeutige Formulierung gewählt, weil ich, durchaus heiter und ironisch, die Physiker zur Stellungnahme zwingen wollte. Es kamen die mir bekannten Argumente, aber es war deutlich, dass die Physiker irritiert waren, fast verärgert, zumal der Moderator mich gewähren ließ und einmal sogar sagte, er wolle nun selbst den *Agent provocateur* spielen. Der Staatssekretär Catenhusen hatte offenbar einige der von mir vorgetragenen Einwände gegen den Urknall noch nie gehört und bemerkte einmal sinngemäß, wenn die Urknalltheorie so schlecht belegt sei, dann müsse man seitens des Forschungsministeriums die Frage der Geldvergabe überdenken. Daraus konnte ich schließen, daß ihn meine Argumente durchaus überzeugt hatten.

Der (damalige) Präsident der Deutschen Physikalischen Gesellschaft, mit dem ich im Taxi zu dem gemeinsamen Abendessen aller Podiumsteilnehmer und -veranstalter fuhr, zeigte sich begeistert von der Veranstaltung. Besonders meine Beiträge hob er in diesem Zusammenhang hervor, was mich verwunderte, mir dann aber den Verdacht einflößte, er könne das mit dem *Agent provocateur* ganz anders verstanden haben, als ich es gemeint hätte, nämlich eigentlich „Pro-Urknall", so als hätten meine Einwände den Physikern erst die Gelegenheit gegeben, ihre Position umfassend vorzutragen. Das Publikum, so wurde mir als eine Art Stimmungsbild übermittelt, habe sich bei meinen Beiträgen besonders aufmerksam gezeigt. Und so fort. Wohl deswegen, wenn es denn so war, zumindest bei einem Teil des Publikums, weil ich mich nicht einschüchtern ließ und argumentativ dagegenhalten konnte.

Ich selbst hatte rückblickend ein insgesamt positives Gefühl, machte mir aber keinerlei Illusionen über die eigentlichen Machtfaktoren. Kurz nach der Veranstaltung, noch auf der Bühne, als ein weiteres Mal, wie am Anfang, der Urknall-Trailer lief, glaubte ich eine Art Sieg errungen zu haben. Später sah ich mir den Videomitschnitt an, den mir die Deutsche Physikalische Gesellschaft zukommen ließ, und da war ich mir nicht mehr so sicher. Obwohl es noch immer einen Restbetand von „Siegesgefühl" in mir gab. – Heute betrachte ich die Veranstaltung eher als Symptom für die allgemeine Macht- und Bewusstseinslage, und die ist nicht eben dazu angetan, so etwas wie „Siegesgefühle" aufkommen zu lassen. Vor zehn Jahren nicht und heute nicht.

Was der Berliner „Tagesspiegel" am nächsten Tag brachte (um die übrigen Pressereaktionen habe ich mich nicht gekümmert), war bezeichnend genug. Der Beitrag lief unter der Überschrift: „Ursuppe sauer scharf in der Urania: Physik trifft Philosophie", und in der Unterzeile hieß es: „Wie war das damals, beim Urknall? Großer Andrang bei fachübergreifender Diskussion".

Ich gebe einen Auszug aus dem Artikel: „Für das Publikum in dem bis auf den letzten Platz gefüllten Urania-Saal war es ein ebenso lehrreicher wie unterhaltsamer Abend. Der Versuch, im ‚Jahr der Physik' Experten verschiedener Disziplinen zu einer auch für Laien verständlichen Diskussion zusammenzubringen, gelang. [...] Jochen Kirchhoff hielt es schon lange nicht mehr an seinem Platz. ‚Der Urknall kann niemals verifiziert werden', sagte der Philosophiedozent der Humboldt-Universität. Wie kann ein solcher Punkt jemals plausibel gemacht werden? Kirchhoff monierte den ganzen Abend über immer wieder, auf welch wackligen Beinen die Theorie stehe. ‚Die jetzige Kosmologie wird sich als großer Witz erweisen', prophezeite er und hält es lieber mit dem Philosophen Giordano Bruno, der ein unendlich ausgedehntes Universum ohne Anfang und ohne Ende annahm. Die Physiker in der Runde hatten das Gewitter schon herbeikommen sehen. Sie vermieden es tunlichst, von Tatsachen zu sprechen, wie sie es unter ihresgleichen gewöhnt sind. [Hier erlaube ich mir ein Ausrufungszeichen als Kommentar, J. K.] [...] Wolf-Michael Catenhusen, von Hause aus Historiker, zeigte sich erfreut darüber, dass die Physiker versuchen, neue Anhaltspunkte, neue Quellen zu finden, um ihre Urknallhypothese zu untermauern. Aber dann warf er beinahe beiläufig ein, dass es im Bundeshaushalt keinen eigenen Posten für den Urknall gebe. Die Motivation für die Forschung mit modernen Teilchenbeschleunigern hänge nicht unbedingt mit dem Urknall zusammen. Dabei hatten die Physiker in den letzten Jahren viel Wirbel um den Urknall gemacht. In Presseverlautbarungen waren immer wieder Worte zu lesen gewesen wie ‚Physiker machen den Urknall im Labor!', wenn es darum ging, zu erklären, wovon der Laie nichts verstand. Sollte die ganze Urknall-Kampangne umsonst gewesen sein? [...] Man löste die Runde auf, diskutierte noch lange auf den Fluren und verabredete sich zum Nachtessen in einem italienischen Restaurant."[17]

So war es dann auch. Was bei Tisch verhandelt wurde, ging über das Podium hinaus. Doch darüber soll geschwiegen werden.

9 Haben wir noch eine Chance?

Zur Frage der Übergangs- und Endzeitszenarien

Anfang 1959 erschien im damaligen Ost-Berlin ein eher schmales Buch mit dem verheißungsvollen Titel „Das kosmische Zeitalter", das man geneigt sein könnte, unter der Rubrik „Kuriosa" abzubuchen, wenn es nicht zugleich so beklemmend wäre. Das Opus stammt aus der Feder des bekannten Schriftstellers Stefan Heym und ist eine Art Hymnus an die technischen Errungenschaften und Möglichkeiten der Sowjetunion, speziell auf dem Gebiet der Teilchenphysik. „Dubna eröffnet das kosmische Zeitalter" lautet eine Kapitelüberschrift. Gepriesen wird ein gewaltiger Teilchenbeschleuniger in der Stadt Dubna. Zu Beginn dieses zentralen Kapitels heißt es: „In dieser Stadt, unweit des großen kreisförmigen Tempels, die das einzige Zehn-Milliarden-Elektronenvolt-Synchrophasotron der Welt beherbergt, äußerte Professor Valentin A. Peruchow im Gespräch: ‚Wissen Sie, das sogenannte Atomzeitalter wird das kürzeste Zeitalter sein, das die Menschheit je gekannt hat; ich schätze, es wird fünfzig Jahre dauern, nicht mehr. [...]

Ich gestehe, mir lief es kalt über den Rücken. ‚Aber nein', lachte Professor Peruchow. ‚Ich habe nicht gesagt, es wird damit enden, dass wir uns allesamt in die Luft sprengen. Ich wollte zum Ausdruck bringen, dass die Atomspaltung, wie wir sie heute kennen, einfach passé sein wird. Aber das, woran wir jetzt hier arbeiten – das wird Dauer haben. Das wird seine Gültigkeit behalten für Tausende von Jahren ...' Ich fragte Professor Peruchow, wie er sein neues Zeitalter denn nennen würde. Er hatte keinen Vorschlag zur Hand. ‚Das kosmische Zeitalter, vielleicht?' sagte ich. Er meinte, man könnte den Ausdruck schon benützen – provisorisch, wohlverstanden: bis die Menschen, die jenes Zeitalter bevölkern würden, sich auf einen ihnen richtig erscheinenden Namen einigen. [...]

In Dubna betreibt man das, was in Deutschland als Grundlagenforschung bezeichnet wird. Man versucht, herauszufinden, was den Kern der Materie vor dem Auseinanderfliegen bewahrt und was geschieht, wenn man ihn zwingt, auseinanderzufliegen. In Dubna beschleunigt man Teilchen zu Geschwindigkeiten, die etwa sechs Prozent unter der des Lichtes liegen. In Dubna spielt man mit dem Staub der Sterne. In Dubna sucht man das Gesetz aller Materie [...]"[18]

Genug. Kein Wissenschaftler oder Wissenschafts-Adept heute unter diesen Erdlingen hätte das geringste Recht, sich über diese nachgerade groteske Technikgläubigkeit und -utopie zu erheben oder sich über die hingebungsvolle Naivität des Schriftstellers Stefan Heym zu mokieren, mit der dieser dem Teilchenphysiker Peruchow das „kosmische Zeitalter" als Etikett für dessen menschheitsbeglückende Phantasien andient. In der Sache hat der technische Utopismus und Messianismus, der den „Schöngeist" Stefan Heym seinerzeit beflügelte, noch immer hohe Konjunktur, und zwar „weltweit" (ich kann dieses Wort nur in Anführungszeichen setzen). Auch die vielen, die die moderne Physik spirituell aufwerten, ja geradezu unterfüttern wollen, sind im Kern ähnliche Adepten wie Stefan Heym (jedenfalls zur Zeit der Niederschrift des Büchleins; wie lange er es blieb, vermag ich nicht zu sagen).

Der Homo *scientificus* oder Homo *technicus*, der „mit dem Staub der Sterne spielt" und mit Brachialgewalt dem „Gesetz aller Materie" auf die Spur zu kommen wähnt, war damals und ist heute eine der düstersten Spielarten dieser an dunklen Gestalten so reichen Erdbewohner und ihrer Geschichte. Der Physiker Peruchow hatte „Tausende von Jahren" im Blick. Nicht lange danach – im Herbst 1962 – stand die Menschheit in der Kubakrise am Rande einer atomaren Katastrophe.

Der Mensch – der Erdling – hat offenbar in seiner Grundausstattung so etwas wie eine utopische, eine messianisch-endzeitliche Ausrichtung; diese liegt dicht unter der Oberfläche und ist daher rasend schnell aktivierbar. Dass diese Facette des Menschen erst von einem bestimmten Zeitpunkt seiner hochkulturell fassbaren Geschichte an zutage tritt, muss dabei mitgedacht werden, ohne dass ich dem hier historisch und bewusstseinsgeschichtlich nachgehen möchte. Diese endzeitliche Ausrichtung oder Ausstattung hat etwas Archetypisches, dem man sich nicht entziehen kann, auch wenn das Wachbewusstsein anders gepolt ist oder zu sein scheint. Seit in einer zunehmenden Zahl von Erdbewohnern, meist diffus und vage, sich der Gedanke wie ein Virus verbreitet hat, „dass es so nicht weitergehen kann", zeigt dieser Archetypus seine ungebrochene Kraft; er glüht und arbeitet in den Seelen, egal fast, welche ideologische Färbung oder Struktur er jeweils in der Vorstellung annimmt. Dieser Gedanke hat per se etwas Fundamentalistisches, auch wenn viele, aus begreiflichen Motiven heraus, dieses Etikett für sich selbst ablehnen.

Wenn es „so nicht weitergehen kann" wie bisher, dann ist implizit gesagt, dass sich etwas ganz Grundsätzliches ändern müsse, etwas, das lange als selbstverständlich galt, eine Art kollektiver Status quo, womit ein durchaus radikaler, das heißt an die Wurzeln gehender Imperativ verknüpft ist. Zwar scheut man die daraus abzuleitende Konsequenz im Denken und Tun (heute gibt es „Wichtigeres", und das Grundsätzliche kann warten), wie sich allenthalben beobachten lässt, aber der Imperativ bleibt als machtvoller Wirkfaktor, und zwar individuell und kollektiv. Man weiß es, Unzählige wissen oder ahnen es: Irgendetwas Einschneidendes, ja Grundstürzendes muss und wird auch geschehen, so oder so.

Eine Katastrophe, möglicherweise, „wenn alles so weiterläuft", oder eine Katharsis, eine Wandlung, Reinigung, bewusstseinsmäßige Höherentwicklung (die auch ein „Sprung“ sein kann), die in der Tiefe der Epoche als Möglichkeit angelegt ist. Die Zahl der hier „weltweit“ favorisierten Szenerien ist groß, und man verliert schnell den Überblick, obwohl die Grundmuster durchaus überschaubar sind. So viele sind es offenbar nicht. Schon dass es solche identifizierbaren Muster (*patterns*) gibt, legt die archetypische Dimension der Endzeitszenarien nahe.

Seit geraumer Zeit spielt das aus dem Maya-Kalender abgeleitete Jahr 2012 (jüdisch 5772) eine bewusstseinsbestimmende Rolle; etliche Bücher befassen sich auf je verschiedene Weise mit diesem Jahr und seiner möglichen oder vorausgesetzten endzeitlichen Bedeutung. Mehrfach auch habe ich gelesen, dass der berühmte 21. Dezember 2012 nicht zweifelsfrei aus dem Maya-Kalender abgeleitet werden könne. Und natürlich gibt es etliche (die wohl in der Mehrheit sind), die das Ganze entweder komplett ignorieren oder schlicht auf sich beruhen lassen, da man es ohnehin nicht sicher wissen könne – eine ja durchaus verständliche Haltung, oft gepaart mit dem heimlichen Argwohn, die Zukunft werde einfach die verlängerte und sattsam bekannte Gegenwart sein, es werde sich also nichts Spektakuläres in Richtung auf eine fundamentale Wende oder eine Neue Erde, ein „kosmisches Zeitalter“ (jenseits von Dubna) oder ähnliches zutragen. Im übrigen, wie bekannt, liebt der Mensch die Kontinuität (zu Recht erst einmal), und er verhält sich auch so, selbst wenn er glaubt, übermorgen werde alles „ganz anders“.

„Wie anders ist die Anderswelt?“ frage ich in einer Kapitelüberschrift der „Anderswelt“. Von der Gegenwart aus, der jetzigen Welt, wäre ja die Welt jenseits jener magischen Zeitgrenze, die das „neue Zeitalter“ markiert, auch so etwas wie eine oder die Anderswelt. Und nach ihrer Andersheit ließe sich mit Fug und Recht fragen, womit wir einen der heikelsten und zugleich dunkelsten Punkte aller Endzeitszenarien in den Blick nehmen. Was ändert sich, und wie weit reicht diese Veränderung, wie tief, wie einschneidend ist sie denn? Packt sie mich (und uns) so massiv, dass ich gar nicht anders kann, als mich auf sie einzuschwingen, mich also gleichfalls zu verändern, oder kann ich so bleiben, wie ich bin, ich meine im Wesentlichen meiner Existenz? Bei dieser Frage bzw. ihrer Beantwortung hängt naturgemaß alles daran, wie eng oder tief mein individuelles Sein mit der „Zeitenwende“ verbunden ist, was auch die Frage nach meiner Mitwirkung aufwirft. Ist die Wende für mich (für den einzelnen überhaupt oberhalb einer bestimmten Stufe des Bewusstseins) ein bloßes Widerfahrnis, zu dem ich substanziell nichts beisteuern kann, oder bin ich als Mitakteur im großen Plan vorgesehen, der vielleicht ohne gewisse von mir zu erbringende „Vorleistungen“ bewusstseinsmäßiger Art gar nicht in Kraft treten oder erfüllt werden kann?

Es ist ja eine alte Idee, dass es einer bestimmten Zahl an Gerechten bedarf, „damit der Messias kommt“ (um mich jüdisch-messianisch auszudrücken). Ich könnte der fehlende Gerechte, und du könntest der fehlende Gerechte sein. Kannst du ausschließen, dass du es bist? Wie bewertest du überhaupt deinen Part?

Kommt die Wende über die Menschen, die Erdlinge, wie der Frühling nach einem langen Winter? Das würde im üblichen Verständnis (das nicht das meine ist) bedeuten: ohne menschliche Mitwirkung, sondern „einfach so", wenigstens in der Grundrichtung.

Wohl die meisten Zeitgenossen halten den Ablauf der Jahreszeiten für ein von selbst und immanent-naturgesetzlich ablaufendes Geschehen, das sie höchstens durch globale Schandtaten ökologischer Art stören oder beeinträchtigen könnten (wenn überhaupt). Ich dagegen halte die Annahme einer naturgesetzlichen Immanenz in der bekannten Form für die typische Illusion einer Bewusstseinsstruktur, die das Umfassend-Beseelte und Umfassend-Bewusstseinserfüllte der Erde und des Kosmos nicht mehr kennt und anerkennt. Chargaffs Wort von der „Denaturierung der Natur" durch den Menschen und die herrschende Naturforschung weist im Kern darauf hin.

Die „Weltwende" (deren Möglichkeit und Wirklichkeit ich hier unterstelle) wird von mehreren Faktoren abhängen, die alle in genau abgestimmter Weise ineinandergreifen müssen. Welche Faktoren sind es, die hier zum Tragen kommen? Ich maße mir nicht an, alle diese Faktoren zu kennen, aber einige, die mir unabdingbar zu sein scheinen, will ich anführen:

Da ist zunächst die im weiten Sinn kosmisch-astrologische Dimension (ich meine dezidiert nicht die herkömmliche Astrologie, die allenfalls schwache Restbestände lebendiger Sternenweisheit enthält). Die große Wende wird mit einer bestimmten kosmischen Konstellation verbunden sein, die aber keine primär im Außen fassbare ist, die man abstrakt-positionell darstellen könnte (sei es astrologisch, sei es astronomisch), sondern eine von innen greifende und wirkende. Der parallel wohl gegebene „Außenbezug" über die Radialfelder der involvierten Gestirne ist kein Außen im landläufigen Begriff.

Diese Konstellation wiederum ist eine von Leben und Bewusstsein durchpulste. Der Kosmos ist umfassend lebendig. Überall gibt es Menschen, ob verkörpert oder unverkörpert. Und auch Gestirne, die als materielle Gebilde kein organischen Leben mehr tragen können (weil die Eigenverstrahlung zu schwach geworden ist), sind doch „aurisch" und bewusstseinsmäßig in die kosmische Umwelt hineinwirkende Wesenheiten. „Überall ist Gaia." Es gibt keine tote Wüstenei „da draußen". Diese Grundprämisse ist von entscheidender Bedeutung für die Frage der „Weltwende", jetzt bezogen auf unseren Planeten und seinen so gefährdeten Status. – Es muss einen Kairos geben, (um das altgriechische Wort für den „richtigen Zeitpunkt" anzuführen), der sich wohl im vorhinein nicht fixieren lässt. Es mag Indizien geben, die auf einen „Tag X" deuten, starke, machtvolle vielleicht, aber ob sie wirklich greifen, werden wir erst wissen, „wenn es soweit ist" (oder eben nicht). Präzise Prophezeiungen gibt es gelegentlich, aber doch extrem selten. In endzeitlicher Hinsicht lagen bis dato alle falsch.

Sicher werden sich auch bestimmte akusmatische Zahlen am „Tag X", dem kosmischen Kairos bündeln, dem „Großen Mittag", wie Nietzsche sagt (zur Akusmatik siehe das entsprechende Kapitel). Der Wendetag ist sicherlich in der großen galaktischen Rechnung, die mit dem Plan identisch sein dürfte, schon enthalten; in der Über-Zeit gibt es ihn sozusagen bereits als wirkende Größe, möglicherweise auch nur als Potenzial. Auch mag es im großen Plan mehrere Wendetage geben, also Optionen, die auch von der Entwicklung auf der Erde abhängen, die nicht eindeutig voraussagbar ist.

Hinzu kommt ein Faktor, den ich als den „Stand der Geisterschlacht" bezeichnen möchte. Bewusstseinswerden ist stets auch, individuell und übergreifend (epochal, gestirnbezogen, kosmisch), Bewusstseinsringen, Ringen um Bewusstsein also, das zur tiefsten Würde des Bewusstseinswesens Mensch gehört. Evolution im Sinn von „Bewusstseinsentwicklung nach oben", zum kosmischen Bewusstsein, steht gegen Involution im Sinn von Regression, Abstieg, Verdumpfung, ja Mineralisierung des Bewusstseins. So ist etwa die abstrakte Naturwissenschaft der klarste Ausdruck eines mineralisierten Bewusstseins, also eines solchen, das die Ebene des Organischen unterschreitet (jedenfalls in der Ausrichtung und Konsequenz, obwohl die Beteiligten ich-bewusste Wesen sind).

Es gibt das Bewusstseinsringen hier, also auf dem Planeten Erde (Gaia oder besser: Demeter), und „um uns herum", also in der kosmischen Umwelt. Wenn die Erde kosmisch von Belang ist, und dafür spricht viel (und damit meine ich die bewohnte Erde), dann wird sie auch „kosmisch betreut". Wir sind nicht allein, was allerdings nicht heißt, dass unsere „kosmischen Betreuer" hier jederzeit massiv eingreifen könnten, schon deswegen nicht, weil sie wohl angewiesen sind auf die Zusammenarbeit mit denjenigen Erdbewohnern, die den dazu erforderlichen Bewusstseinsstand aufweisen. Und von denen gibt es erschütternd wenige, wie man nüchtern feststellen kann. Im übrigen – ich muss das noch einmal betonen: Ich meine alles, was ich dazu sage, nicht UFOlogisch-technisch, ich meine es kosmisch-geistig. Bemannte Raumschiffe sind im galaktischen Maßstab unmöglich. Das folgt klar aus der Eigenart der Radialfelder der Gestirne. Wir werden es womöglich bald wissen, ob ein menschlicher Organismus überhaupt die Entfernung Erde-Mars überleben kann.

Eine mehrheitlich intelligente Gestirnbevölkerung würde nie auf den Einfall kommen, Raumschiffe zur Erkundung der kosmischen Umgebung zu konstruieren. Die technisch hochgerüsteten Erdlinge, die sich für intelligent halten, projizieren ihren Wahn ins All hinaus oder hinein. „Der Kosmos ist wie ein Spiegel", lautet eine altpersische Weisheit.

Also der Stand des großen Geisterringens ist ein gewichtiger Faktor. Auf der Erde, aber auch auf den mit uns schicksalhaft verbundenen Gestirnen. Soweit es irgend möglich ist, wird der galaktische Organismus bemüht sein, die belebte Erde zu halten und zu bewahren. Und „wie es ausgeht", daran ist jeder von uns beteiligt. Hier gibt es eine Grundlast, die von der Erdbevölkerung zu tragen ist. Wer sich's allzu dumpf-bequem macht, mindert nicht die Grundlast, sondern bewirkt nur, dass andere seinen Anteil mittragen müssen. Schließlich kann es soweit kommen, dass eine winzige Schar die ganze Last aufgebürdet bekommt (ich rede in Bildern). Diese Schar darf nicht zu klein sein; offenbar darf eine bestimmte Größenordnung nicht unterschritten werden. „Dann wird's kritisch." Dann können auch die „höheren Betreuer" nichts mehr machen.

Deswegen ist der Weckruf der Anamnesis so wichtig. Ohne kosmische Erinnerung bleiben wir blind und taub. Anamnetisch hilfreich ist die große Musik; sie kann, das geeignete Hören vorausgesetzt, zur schöpferischen Bewusstseinsentwicklung beitragen (siehe mein Buch „Klang und Verwandlung").

Die Wende, die noch aussteht und von der so viel gesprochen wird, wenn sie denn eintritt, wird unsere Vorstellungen, unsere gedanklichen Vorausgriffe und gierigen Vorwegnahmen zerstieben lassen. Keiner wird vorausgewusst haben, wie es dann wirklich geschieht, und doch werden sich viele – seltsames Paradox – erinnern, sie werden jäh wissen, dass sie es immer geahnt, ja eigentlich gewusst haben. Es ist wie mit dem physischen Tod. Als ich einen mir Nahestehenden sterben sah, war für mich der bewegendste Moment, als der Sterbende etwas erblickte im Raum, das für mich unsichtbar war, aber für ihn von höchster Realität, etwas, das er mit großem und wachsendem Erstaunen betrachtete und das ihm zugleich, das war deutlich spürbar, vollständig vertraut und bekannt war, als habe er immer gewusst, dass es so und nicht anders sein würde. Wieviel Altes in der Neuen Erde noch enthalten sein wird, ja kann, wird sich von niemandem voraussagen lassen. Und das betrifft auch die Frage: Was wird und muss verschwinden (und in diesem Sinn sterben), und was bleibt erhalten und kann die Schwelle überschreiten? Wieviel „Apokalypse" wird die Wende bringen? Dass es sanft und glatt zugeht, also ohne schmerzhafte Einhiebe und Beraubungen, ist eher unwahrscheinlich.

Was abgeräumt werden muss, damit dieser Planet in einer besseren Zukunft als ein Großorganismus in all seiner Vielfalt und Schönheit seine Bahn ziehen kann, ist so gigantisch, dass es unsere (jedenfalls meine) Phantasie bei weitem übersteigt. Dazu bedarf es eines bis bis dato unvorstellbaren Kraftakts, den ich nur als einen geistig-kosmischen denken kann. (In der siebten Sinfonie von Beethoven etwa wird ein Element davon klanglich spürbar.)

Dass die Erdlinge hier aus Einsicht ihren Maschinenpark abbauen oder auch nur empfindlich reduzieren, dass sie ihr Waffenarsenal freiwillig verschrotten, den Irrsinn der hemmungslosen Produktion stoppen oder ihren ideologischen Weltbildwahn samt den ihm zuarbeitenden Institutionen aufgeben (dies sind nur Beispiele), ist nicht ernsthaft zu erwarten. Was folgt daraus? So wird's wohl nur „der Krieg des Kosmos gegen den hundstollen Planeten" (Karl Kraus) richten und ausrichten. Und dies sicherlich im Verbund mit dem Gegenschlag der unteren Reiche (Mineral, Pflanze und Tier). Was oder wer dann noch auf der Erdenbühne bleibt von den sie bevölkernden menschlichen Gestalten, bleibt abzuwarten und steht wohl noch oder überhaupt (buchstäblich) „in den Sternen".

Wie ich das meine, kann man vielleicht ahnen ...

10 Die Angst der Erdlinge vor dem Kosmos

Bemerkungen zur Impakt-Gefahr

Gelegentlich beschleicht mich ein seltsamer Verdacht, den ich hier erstmalig der Öffentlichkeit präsentiere: Viele Erdbewohner scheinen ähnlich zu empfinden wie Wotan in Richard Wagners „Walküre". Der Göttervater sagt/singt hier, an seine Tochter Brünnhilde gewandt:

„Zusammenbreche, was ich gebaut!
Auf geb ich mein Werk:
Nur Eines will ich noch: das Ende –
das Ende!"[19]

Bei Wotan ist dies ein bewusst vorgetragener Willensentschluss, der am Ende der „Götterdämmerung" dann auch realisiert wird. Muspilli, Weltenbrand ...

Der auf das Ende gerichtete Wille der Erdbewohner ist ein überwiegend (nicht ausschließlich) unbewusster Drang. Der Selbstvernichtungswunsch des Menschen (und der geht sogar über den physischen Tod hinaus) ist ein zutiefst pathologischer, gleichwohl aber sehr realer und machtvoller seelischer Wirkfaktor, und zwar individuell und kollektiv. Wenn alles zu scheitern droht oder faktisch schon gescheitert ist, auch wenn die äußere Kulisse noch steht, dann kann jener abgründigste aller Archetypen den Lebens- und Überlebenswillen durchschlagen wie ein Geschoss und sich des Menschen bemächtigen, auch und gerade dann, wenn die Schwelle des Tages- und Wachbewusstseins nicht erreicht wird. Die „schwarzen Löcher" der Astrophysiker, beispielsweise, sind eine geradezu klassische Projektion des eigenen Vernichtungs- und Selbstvernichtungsdrangs in die kosmische Umwelt. (Es versteht sich, dass die Physiker und Astronomen diese Deutung strikt ablehnen, und zwar aus naheliegenden Gründen.)

„Nur Eines will ich noch: das Ende – das Ende!" Das kann sich im Außen als unbändiger Tatendrang, etwa technischer Art, manifestieren, der kein Innehalten mehr kennt, weil dieses die unbewusst angestrebte Vernichtung verlangsamen würde. Der megatechnische Pharao braucht Sklaven und Antreiber, die mit Überzeugung und Inbrunst für ihn arbeiten, auch wenn die von ihnen errichteten Türme und Pyramiden sie irgendwann erschlagen werden. Damals und heute wurden und werden die Pyramiden auch als monumentale Grabstätten gebaut. Möglicherweise will auch der Pharao nur noch eben dies – das Ende. Vielleicht sitzt er selbst schon gewissermaßen im Führerbunker ...

Viele Menschen sind verliebt in Katastrophen, und geradezu genüsslich werden Katastrophen- und Untergangsszenarien ausgemalt und literarisch oder filmisch präsentiert. Die schönsten Katastrophen sind erst einmal die, die man sich, im Sessel sitzend, auf dem Bildschirm anschauen kann. Das wohlige Geschocktsein durch finale und apokalyptische Geschehnisse, etwa durch einen Impakt, ist eine Art ultimativer Kick (der natürlich auch irgendwann verblasst). Der Genuss am Untergang ist nur deswegen vorhanden, weil in der Tiefe der Psyche das Wissen wohnt, dass das Untergangsfinale, egal, wie es sich konkret darstellt, eine durchaus reale Möglichkeit ist, also keine Fantasy. Das gerade macht den Reiz und den Kick aus. Man will Zuschauer sein und bleiben, weiß aber, dass die Bilder auf den Zuschauer übergreifen können – und will das auch. Man will die Katastrophe, das Finale, den (am besten kosmischen) Showdown. Die Bilder aus der Johannes-Apokalypse gehören zum festen Bestand der abendländischen Psyche; andere Kulturen haben ähnliche Bilder. Aber die abendländische Intellektualkultur hat den Globus erobert, und der technische Imperialismus transportiert immer auch die christliche Apokalyptik mit, die ihrerseits aus einer adaptiven Umwertung der jüdischen Apokalyptik erwuchs.

Der Kosmos der physikalischen Kosmologie ist ein Katastrophenkosmos, in dem ständig ein irrwitziges Schauspiel abrollt, wobei man sich fragen könnte (ich frage mich das): Für wen eigentlich, das heißt vor welchen Zuschauern? Wer hat Freude an dieser Groteske? Ein erheblicher Teil der Erdlinge jedenfalls, das dürfte feststehen, genießt das Stück auf der kosmischen Bühne, wie der globale Beifall für den Autor, das Drama, das Bühnenbild, die Schauspieler und den Regisseur in wünschenswerter Klarheit beweist. Und doch ist den irdischen Beobachtern nicht rundum wohl bei der ganzen Veranstaltung, so sehr hier auch applaudiert wird. Und dies weniger, weil es eigentlich gar keine Brücke gibt zwischen der Lebenswelt auf der Erdoberfläche und den Monstrositäten „da draußen" (die meisten sehen dieses Problem gar nicht), als vielmehr deswegen, weil die als kosmische Oase imaginierte Lebenswelt Gefahr läuft, von einem irrlichternden Gesteinsbrocken zerschlagen zu werden. Lange war dies kein ernsthaftes Thema, aber seit den frühen 1980er Jahren, verstärkt seit 1985/86, griff die Angst vor einem Asteroiden-Impakt um sich, der sich in naher Zukunft ereignen könnte. In Wellenbewegungen kommt diese Angst immer wieder hoch und führt zu erregten Debatten, was dagegen zu tun sei.

Ist diese Angst berechtigt? Bis zu einem gewissen Grad sehr wohl, auch aus „meiner" Kosmologie heraus, ja hier sogar in verstärktem Maß; der Kosmos kennt Katastrophen nur als Ausnahmefall, während sie in der Mainstream-Kosmologie als Normalfall angesehen werden. Wenn es nicht die Erde selbst beträfe, wäre der mögliche Impakt nichts, worüber man sich aufregen würde. Warum auch? Schließlich werden überall Kollisionsvorgänge ganz anderer Größenordnung unterstellt.

Schon 1937 hat der Philosoph Helmut Krause den Erdmond als einen ehemaligen Planeten hinter dem Jupiter und in gefährlicher Nähe zum Asteroidengürtel gedeutet, der irgendwann durch ein gewaltiges Impaktgeschehen aus der Bahn geraten war (etliche Brocken aus dem Asteroidengürtel hatten den kleinen Planeten getroffen) und dann von der Erde eingefangen wurde. (Die meisten Astronomen damals, dies sei hier in Parenthese vermerkt, sahen in den Mondkratern Vulkane; Krause war einer der ersten, der sie für Einschlagstellen von Asteroiden hielt.) Das Einfangen des aus der Bahn geratenen Planeten, das auf der Erde durch die rasend veränderten Verstrahlungsverhältnisse und den Einschlag einiger der mitgeschleppten Brocken im Meer eine gewaltige Flutkatastrophe auslöste (in den Sintflutsagen global festgehalten), habe sich vor gut 6000 Jahren abgespielt (so Krause in seiner Schrift „Vom Regenbogen und vom Gesetz der Schöpfung").[20] Der Geologe Alexander Tollmann verlegte diese große Impaktkatastrophe, die er allerdings nicht mit dem Einfangen des Monds in Zusammenhang brachte, in die Zeit vor etwa 9500 Jahren. Sein berühmtes (und umstrittenes) Buch „Und die Sintflut gab es doch" von 1993, das er mit seiner Frau Edith schrieb, enthält eine erdrückende Fülle von Zeugnissen und Dokumenten dafür, dass die Impaktkatastrophe im kollektiven Gedächtnis der Menschheit als ein kaum vorstellbarer Schock erhalten blieb.[21]

Wann immer sich nun die „Sintflutkatastrophe" zugetragen hat, dass es sie tatsächlich gab, erscheint mir zweifelsfrei belegt. Und sie sitzt noch heute der Menschheit in den Knochen, wohl auch deswegen, weil derartig chaosträchtige Großereignisse auch mit seelisch-geistigen Wirkfaktoren verknüpft und insgesamt eher selten sind. Noch einmal: „Überall ist Gaia." Alle Gestirne oberhalb einer bestimmten Größe waren oder sind bewohnt und belebt von organischen Wesen (einschließlich des Menschen!) oder werden es irgendwann sein. In der Wechselwirkung der Radialfelder, aus der die gesamte Skala des Lichts und der elektromagnetischen Schwingungen hervorgeht, ergeben sich für eine bestimmte Phase der Entwicklung auf der Gestirnoberfläche die Bedingungen für die Entstehung organischen Lebens. Existieren diese gestirneigenen Raumenergiefelder nicht, und davon gehen die Naturwissenschaftler aus, dann wäre es in der Tat abwegig, von der Bewohnbarkeit der Gestirne, wie ich sie hier mit Giordano Bruno und Helmut Krause voraussetze, ernsthaft zu reden.

Ich meine, dass es sehr starke Fingerzeige und Indizien für die Existenz dieser Felder gibt. Dass sie nicht restfrei zu verifizieren sind, ist dabei mitgedacht. Bislang jedenfalls sind sie auf überprüfbare Weise nicht falsifiziert worden.

Im Juli 1994 starrten die Erdbewohner wie gebannt auf das Impaktgeschehen auf dem Jupiter. Ein in einundzwanzig Teile zerborstener Komet, der vorübergehend als Trabant fungiert hatte, war auf der Südhalbkugel des größten Planeten eingeschlagen. Die Beobachtungen damals haben viele Fragen aufgeworfen und die Astronomen und Astrophysiker über Jahre hinweg beschäftigt. Manches erwies sich als nicht kompatibel mit dem herrschenden Jupitermodell. Bekanntlich glauben die Astrophysiker der Erde, dass der Jupiter ein sogenannter Gasplanet mit einem vergleichsweise kleinen festen Kern sei. Dabei sind sie bis heute nicht in der Lage gewesen, die Oberflächenstrukturen, etwa den bekannten roten Fleck, befriedigend zu erklären. Die Dichte des Planetenriesen, die auf direkte Weise nicht ermittelt werden kann, errechnen sie aus den Bewegungen seiner großen Monde und aus den gravitativen Störwirkungen im Sonnensystem. Wäre der Jupiter ein Gestirn mit fester Oberfläche (was er nach meiner Überzeugung ist), müsste seine Störwirkung über die dann erhebliche Gravitation wesentlich größer sein, als sie es realiter und messbar ist – also gemäß den Newton'schen Prinzipien. Dass diese Störwirkungen so sind, wie sie empirisch ermittelt werden können, hängt nach der Radialfeld-Theorie damit zusammen, dass in der Wechselwirkung des Jupiterfelds mit dem Sonnenfeld (um jetzt von den anderen Planeten abzusehen) die Gravitationswirkung eine erhebliche Minderung erfährt. So sind weder die Bewegungen der großen Trabanten noch die gravitativen Störwirkungen verlässliche Indikatoren für die Dichte des Jupiters. Sie wären es nur ohne die involvierten Radialfelder. Offenbar ist das Sonnensystem in seiner Stabilität und in seiner kosmisch gefügten Grundordnung gefährdet, und das hat nicht zuletzt seelisch-geistige Gründe. Auch die Radialfelder lassen sich nicht immanent oder für sich allein zur Erklärung der Verhältnisse im Sonnensystem heranziehen, weil stets auch seelisch-geistige oder bewusstseinsmäßige Kausalfaktoren beeinflussend wirken.

Bezogen auf die Erdbewohner: Jeder Zeitgenosse (auch der, der dir gerade in der Stadtbahn gegenübersitzt, und natürlich auch du) trägt seinen Teil dazu bei, wie es um die Stabilität des Sonnensystems bestellt ist. Menschsein heißt (ohne Ausnahme): in der kosmischen Verantwortung stehen. Und diese ist gebunden an den jeweils erreichten Grad, an die Tiefe oder Höhe des Bewusstseins. Schon Novalis hat die Gedanken als „wirksame Faktoren des Universums" bezeichnet. Das sind sie wirklich. Ich glaube, dass das auch in der Tiefe geahnt wird, und zwar durch alle Ideologien hindurch. Die Erdoberfläche ist kein neutraler Boden (auch die Jupiteroberfläche ist es nicht). Aus dem großen Bewusstseinsringen kann niemand aussteigen, auch wenn er sich hineinphantasiert in eine Zone der Verantwortungslosigkeit oder meint, dass ihn das alles nichts angehe.

Die Frage eines möglichen Impakts hat mich lange beschäftigt, unter anderem im Zusammenhang mit dem Bombardement der Kometentrümmer auf dem Jupiter. Ich gebe nachstehend eine längere Notiz als Beispiel für diese Beschäftigung; sie stammt vom 3. März 2001:

„Gestern abend im ‚Spiegel-TV' Sendung über ‚Asteroiden – Gefahr aus dem Weltall'. Einige Sätze, herausgenommen und wörtlich wiedergegeben: ‚Der Weltraum um die Erde scheint eine einzige Bedrohung.' (Bezogen auf die 1500 Asteroiden, die ‚auf Kollisionskurs mit der Erde' sind.) ‚Die Katastrophe war von geradezu kosmischem Ausmaß.' (Bezogen auf den Absturz der 21 Kometentrümmer auf dem Jupiter im Juli 1994.) ‚Die meisten der Kometen aus der Oortschen Wolke stürzen auf Jupiter zu.' Über den Halley'schen Kometen: ‚Seit drei Jahrtausenden lehrt er die Menschen das Fürchten.'

‚Drei Steine, die vom Himmel fielen, kommen unter den Hammer.' (Bezogen auf die Versteigerung von Meteoriten.) Jemand fabuliert: ‚... meine Leidenschaft, mein heiliger Gral, denn sie kommen vom Himmel.'

Die Bedrohung wird ernstgenommen. In einer ‚Expertenrunde' verkündet jemand, Asteroiden seien ‚eine relativ neue Gefahr', dieser müsse man ‚mehr Beachtung schenken'. Verschiedene Möglichkeiten werden erwogen, wie man einen derartigen Asteroiden, der mit der Erde zusammenzustoßen droht, vom Kurs abbringen kann. Am 16. Februar ist es gelungen, eine Sonde auf dem Asteroiden Eros landen zu lassen. Erstaunt stellt man fest, dass diese ‚Kartoffel' aus der Urzeit des Sonnensystems kein Magnetfeld aufweist. Die Erdbewohner sind wie magisch angezogen von den Asteroiden; als die Nachricht durchkommt, die weiche Landung auf dem Brocken sei gelungen, sind alle im Kontrollzentrum begeistert; es wird applaudiert.

Die Sendung stellt das Sonnensystem als einen gefährlichen Ort dar. Die Bedrohung, von der die Rede ist, bezieht sich zum einen wirklich auf die Asteroiden, von denen einer irgendwann hier einschlagen könnte (genüsslich fast werden die verheerenden Schäden durchgespielt, die Brocken unterschiedlicher Größe hier auslösen), zum andern aber auf die andere, die kosmische Bedrohung. ‚Der Raum um die Erde scheint eine einzige Bedrohung.' [...]"

Soweit meine Aufzeichnung vom März 2001. – Es mag ergänzend sinnvoll sein, den ersten Abschnitt des achten Kapitels meiner „Anderswelt" hier heranzuziehen („Kugeln, Brocken und die unsichtbare Erde", S. 198 ff.).

Die Astronomen sprechen von „Chaos-Zonen" im Asteroidengürtel, also von Gebieten, aus denen sich immer wieder einzelne Brocken lösen und die Reise ins Innere des Sonnensystems antreten. Die Near-Earth Asteroids sind für uns die gefährlichsten. Ich kann es mir hier ersparen, das anzuführen, was in der einschlägigen Literatur darüber zusammengetragen wird. Dass die Erdbewohner, wie ich damals schrieb, „wie magisch angezogen" sind von den Asteroiden, gilt auch heute noch nach meiner Einschätzung. Zugleich, sozusagen im Umkehrschluss, ziehen die Erdlinge, eben durch ihre Fokussierung, die Asteroiden geradezu heran und befördern sie in Erdnähe. Die Chaos-Zone hier zieht die Chaos-Zone dort zu sich heran. Der Astronomen-Begriff „Chaos-Zone" enthält keine seelisch-geistigen oder bewusstseinsmäßigen Wirkfaktoren. Sie sind aber dort, im Asteroidengürtel, durchaus gegeben, auch wenn organisches Leben nicht vorkommt; diese Faktoren gehen von der kompakten anorganischen Materie aus und treffen hier auf das mineralisierte Bewusstsein der Abstraktionisten unter den Erdlingen, also der Top-Diener des megatechnischen Pharaos. Und umgekehrt. In diesem Fall ziehen sich die gleichnamigen Pole an – mit möglicherweise fatalen Folgen.

Die Bedrohung, der sich die Erdbewohner aus dem Kosmos ausgesetzt sehen, ist von zweierlei Art und Herkunft. Da sind zum einen die „Chaos-Zonen" im Sinn der Astronomie mit den bekannten und vieldiskutierten Auswirkungen (Stichwort *Near-Earth Asteroids*), denen zugleich seelisch-geistige Chaos-Zonen entsprechen, die bei den Astronomen nicht vorkommen.

Zum andern bilden erhebliche Teile der Erdbevölkerung selbst derartige – seelisch-geistige – Chaos-Areale oder Chaos-Pools, denen die übergreifende kosmische Ordnung, die auch das Sonnensystem trotz aller chaotischen Elemente bestimmt, nun feindlich gegenübersteht. Also, anders gesagt: Die chaotischen Teile der Erdbevölkerung werden durch den „Krieg des Kosmos gegen den hundstollen Planeten" (Karl Kraus nochmals) bedroht, und die Erdbevölkerung insgesamt, vor allem deren im Prinzip regenerierbarer Teil, wird vom offenbar waffenstillstandslosen „Krieg des Chaos" bedroht, wobei diese Bedrohung nicht nur von den entsprechenden Zonen im Sonnensystem und der weiteren galaktischen Umgebung, sondern auch von den dumpf-aggressiven, ja mineralisierten Bewusstseinsenergien der Erde selbst ausgeht. Beide Bedrohungen überlappen und durchdringen sich gelegentlich auf eine schwer durchschaubare Weise. Auch kann mitunter die eine die andere Bedrohung „meinen" ...

In diesem Zusammenhang wäre an den wechselseitigen Magnetismus zu erinnern, von dem weiter oben die Rede war. Die geheime Pointe ist die unbewusst angestrebte *Self-fulfilling Prophecy*. Doch da bewegen wir uns in einer Art der Kausalität, die den Denk- und Vorstellungsrahmen der herrschenden Intellektualkultur überschreitet.

Abschließend zu diesem Kapitel möchte ich einen kleinen Nachtrag als Exkurs bringen: In einer späteren TV-Sendung damals, an jenem 3. März 2001, war auch von den sogenannten Gammablitzen die Rede, die als eines der größten Rätsel der Astronomie galten und noch immer gelten. Diese gewaltigen „kosmischen Leuchtfeuer", die unvorstellbare Größenordnungen an Energie freisetzen, überfordern augenscheinlich selbst die erfindungsreichen Physiker und Kosmologen. Eine in ihren eigenen Maßstäben befriedigende Deutung steht bislang noch aus. Vorschläge und Ansätze in dieser Richtung gibt es bereits.

Nach meiner Überzeugung sind die Gammablitze Manifestationen von Schöpfungsvorgängen in allergrößtem Stil. Wahrscheinlich schießen hier gebündelte Energien von sich auflösenden Galaxien zu neuen Galaxien zusammen – ungeheuer lebendige, bewusstseinserfüllte kosmische Geschehnisse, die das irdische Winkeldenken komplett aushebeln. Was wir wahrnehmen, vollzieht sich jetzt, also keineswegs in fernster Vergangenheit.

Die endliche Lichtgeschwindigkeit ist keine kosmisch relevante Größe, nur die unendlich bzw. quasi-unendlich schnellen Radialenergien sind es, die von den Gestirnen aus ihrem Kern abgestrahlt werden und alle Welten zusammenhalten.

11 Naturwissenschaft und Wirklichkeit

Begegnungen und Gespräche mit Erwin Chargaff

Verschiedentlich wird mir von denen, die einige meiner Bücher und Essays kennen, das Etikett eines „Wissenschaftskritikers" angeheftet. Das ist nicht rundweg falsch, bedeutet aber zugleich eine erhebliche Einengung. Warum? Der Wissenschaftskritiker ist in der Regel jemand, der eine Wissenschaft, mehrere Wissenschaften oder einzelne Sparten (meist der Naturwissenschaft), etwa unter ethisch-moralischen, politischen oder auch erkenntnistheoretischen Gesichtspunkten, einer kritischen Analyse unterzieht, ohne dass er nun, und das ist wichtig, im Normalfall als „alternativer Wissenschaftler" auftritt. Natürlich gibt es auch vereinzelt Naturwissenschaftler (bleiben wir jetzt bei diesen), die vom Mainstream aus eher als Außenseiter einzustufen sind, die die herrschende oder etablierte Naturwissenschaft als einseitig, dogmatisch oder quasireligiös angreifen und ihr einen eigenen Entwurf entgegenhalten. Nur ist dieser Gegenentwurf meist nur auf einen Teilbereich bezogen, ohne dass nun die Fundamente oder die Forschungsmethodik und so weiter in Gänze in Frage gestellt würden. Der Außenseiter-Naturwissenschaftler versteht sich nicht als Wissenschaftskritiker im prinzipiellen oder umfassenden Sinn und wird auch von den Teilen der Öffentlichkeit, die ihn zur Kenntnis nehmen, nicht so gewertet.

Meine Kritik an der herrschenden Naturwissenschaft zielt auf deren uneingestandene Metaphysik in den Prämissen und axiomatischen Grundlagen, die zu lebensfernen und partiell absurden Ergebnissen führt. Zugleich gibt mir die sogenannte Radialfeld-Theorie die Möglichkeit, viele Phänomene anders und besser einzuordnen, und vor allem die, dem Kosmos seine umfassende Lebendigkeit zurückzugeben und die herrschende Vorstellung der „Sonnen" als glühende Gaskugeln zu entkräften. Eine Rundum-Widerlegung der Mainstream-Kosmologie strebe ich nicht an und kann ich auch nicht leisten. Das ist schlechterdings für einen Einzelnen unmöglich, und seien seine Kernargumente noch so stark. Meine Kernargumente widersprechen der allseits propagierten Sicht auf so grundstürzende Weise, dass ich es niemandem verdenken kann, der hier Skepsis, ja Misstrauen bekundet. Als metaphysisch geprägter Philosoph bin ich parallel auch Meta-Physiker. So wurde ich „Wissenschaftskritiker" aus Empörung über die Anmaßungen und die schlechte Metaphysik der Naturwissenschaft, primär der Physik, sekundär der Biologie ...

1979 erschien die Autobiographie des Biochemikers Erwin Chargaff (1905–2002), der, wie bekannt, das paarweise Vorkommen der Basen in der DNS als

Erster erkannte und beschrieb und damit den Forschungen von H. C. Crick und Maurice D. Watson (mit Blick auf die Aufklärung der DNS-Struktur) vorarbeitete. Crick und Watson erhielten 1962 den Nobelpreis; Chargaff ging leer aus. Viele sahen hierin ein Hauptmotiv für jene sich zunehmend radikalisierende Wissenschaftskritik, die Chargaff seit seiner Emeritierung in vielen Büchern und Essays vortrug. Für zwei Jahrzehnte war Chargaff der wohl bekannteste und auch sprachmächtigste Wissenschaftskritiker, der vor allem seine eigene Wissenschaft, die Biochemie, in ihren Auswüchsen geißelte, aber auch die Naturwissenschaften und den Wissenschaftsbetrieb überhaupt, ohne sich je als Wissensschaftsfeind zu begreifen, obwohl ihm genau dies immer wieder vorgeworfen wurde.

Seit 1980 las ich die meisten der jeweils neu erschienenen Bücher Chargaffs und war immer wieder beeindruckt von der sprachlichen Kraft sowie der gedanklichen und menschlichen Intensität dieser Prosa, der nur weniges im späten 20. Jahrhundert ebenbürtig an die Seite zu stellen war. 1990 erschien eines der seltsamsten Werke Chargaffs, ein schmales Bändchen mit dem Titel „Vorläufiges Ende. Ein Dreigespräch", ein fiktiver Dialog (eigentlich Trialog) zwischen Primus, ausgewiesen als „Urgreis, ehemaliger Naturwissenschaftler", Secundus, einem 48 Jahre alten Biologen, und Tertia, einer 19-jährigen Studentin. Hieraus einige Kostproben (es sind Äußerungen von Primus):

„[...] Unser Naturkonzept ist also keineswegs unabhängig von der Tatsache, dass in unserer Zeit so etwas wie Auschwitz, Hiroshima und so vieles andere Neuartige sich ereignen konnte. Man braucht nicht besonders hellhörig zu sein, um das Brechen der Pfeiler zu hören, auf denen die westliche Welt mehr als 2500 Jahre geruht hat."[22]

„Sie [die Naturwissenschaften] sind ein wichtiges Werkzeug der Entfremdung. Die Fülle von Untersuchungen, die immer indirekter werden, die Jagd nach dem Kleinsten, nach Schatten auf Schirmen; die Zersplitterung einer Natur, auf der einst der Segen der Ganzheit geruht hat: Das alles ist ein riesenhaftes Alibi geworden zwecks Erschaffung einer Scheinwirklichkeit, die nur dazu dienen kann, die paar Philosophen, die es vielleicht noch gibt, stolpern zu machen. Solange die Naturwissenschaften der Beschreibung der Natur dienten, waren sie vielleicht einer der Wege zur Wirklichkeit. Seit sie sich aber der Erklärung und insbesondere der Manipulierung der Natur widmeten, sind sie das größte der Hindernisse geworden. Sie verkünden ein Verdinglichungsdogma, welches das Staunen ausgerottet hat und das Ahnen verflacht. [...]

Die Wissenschaft als ungeheurer Prokrustes der Natur, sie streckt und verschneidet; sie hat viel auszusetzen an der Schöpfung. [...] Wohin man auch schaut, herrscht eine zahnlose, mürrische Barbarei, die alles befingert."[23]

Da ich in den frühen 1990er Jahren die Möglichkeit hatte, hin und wieder eine Buchrezension beim Rundfunk unterzubringen (Sender Freies Berlin,

Drittes Programm), besprach ich dort zwei Chargaff-Bücher. Im Frühjahr 1991 wurde meine Besprechung des „Vorläufigen Endes“ ausgestrahlt; der knapp vierseitige Text ging auch an Erwin Chargaff in New York, der sich, wie ich dann von ihm selbst erfuhr, davon beeindruckt zeigte; er fühlte sich sowohl verstanden als auch adäquat gewürdigt.

Ein Jahr später schrieb ich eine Besprechung des Essay-Bandes „Vermächtnis“, die ich nachstehend wiedergebe. Ende Januar 1991 erschien eine Neuausgabe von Helmut Krauses „Baustoff der Welt“, die ich mit einem Vorwort und einem ausführlichen Kommentar versehen hatte. Am Ende des Vorworts steht ein Chargaff-Zitat aus dem Buch „Kritik der Zukunft“: „In der Nacht, in der wir leben, sind wir dankbar für Belsazars Leuchtbuchstaben. Aber sie verkünden nichts Gutes. Eins steht fest: Wer die Zukunft retten will, muss die Gegenwart zerbrechen.“[24] Ich schickte Chargaff den „Baustoff der Welt“ zu.

Am 22. März 1991 schrieb er mir: „[...] soeben erhalte ich das Buch von Krause ‚Der Baustoff der Welt‘, das Sie die Freundlichkeit hatten mir zu senden. Es sieht interessant aus, und sobald ich Gelegenheit habe, werde ich es durchlesen. Durch einen seltsamen Zufall erhalte ich gleichzeitig von Klett-Cotta eine Kopie Ihrer Rezension meines letzten kleines Buchs. Ich möchte Ihnen für die freundliche Art, in der Sie es besprochen haben, herzlich danken.

Mit besten Grüßen Ihr Erwin Chargaff“

Im Anhang bringe ich das genannte Vorwort als Ganzes; die Gründe hierfür lassen sich unschwer einsehen. Nun zur Besprechung des Essaybands „Vermächtnis“ von Erwin Chargaff (Klett-Cotta, Stuttgart 1992):

Diabolischer Sandwichbau

Nicht allzu häufig geschieht es, daß ein großes Thema und ein großer Prosaschreiber zusammenkommen. Zu den wenigen heute, die über eine kraftvolle, souveräne Prosa verfügen, gehört der Biochemiker und Wissenschaftskritiker Erwin Chargaff, der zugleich „sein“ Thema hat, das er in immer neuen Variationen präsentiert. Es scheint nicht übertrieben, Chargaff als einen Prosaisten vom Schlage Montaignes, Swifts, Lichtenbergs, Schopenhauers (um nur einige zu nennen) zu bezeichnen. In jeder sprachlich-gedanklichen Brechung gewinnt das eine Thema an neuem Reiz für unsere nicht müde werdende Aufmerksamkeit. Wenn ich es richtig sehe, ist das eine große Thema Chargaffs der Verlust der Wirklichkeit, verbunden mit der Trauer um das schlechthin Unumkehrbare dieses Vorgangs, vielleicht auch: um seine Tragik.

Ist auch der neue Essayband mit dem Titel „Vermächtnis“ „eine sehr gemischte Affaire“, wie Chargaff selbst sagt, so variieren diese 16 Essays im Kern das eine Thema, wenngleich von verschiedenen Blickwinkeln aus. In dem Aufsatz „Zu müssen, was man nicht soll“, der den Wahn und das Selbstbetrügerische der sogenannten Sachzwänge zum Gegenstand hat, heißt es: „Wir leben in einer Zeit, in der das, was früher Wirklichkeit hieß, durch ein aus unzähligen Scheinwirklichkeiten bestehendes Schichtwerk ersetzt worden ist. Was die-

sen diabolischen Sandwichbau, der nicht stärker ist als seine schwächste Schicht, zusammenhält, das sind eben die Sachzwänge. So leben wir alle aus der kraftlosen Hand in den lügenhaften Mund. Was man früher Gesellschaft nannte, ist heute eine Gesellschaft mit unbeschränkter Nichthaftung geworden.

Es gibt niemanden, der verantwortlich gemacht werden kann: die Sklaven treiben einander und wissen nicht wohin." (S. 162 f.)

Immer wieder weist Chargaff darauf hin, daß spätestens seit dem „Manhattan-Projekt", das zum Bau der ersten Atombombe führte, die Naturforschung generell eine Richtungsänderung vollzogen habe: Was früher eine Angelegenheit großer Einzelner gewesen sei, ausgestattet mit der Fähigkeit ehrfürchtigen Staunens vor der Größe und Gewalt der Natur, sei jetzt eine Sache anonymer Apparate, innerhalb deren das Leben und die Wirklichkeit der Natur vollends aus dem Blickfeld geschwunden seien. Chargaff spricht von der „enormen Brutalisierung der wissenschaftlichen Phantasie" (S. 153) und der „Denaturierung des Menschen" (S. 207) durch das, was heute weltweit als Naturforschung praktiziert und gefeiert wird. Einmal heißt es: „Die mir bekannten bedeutenden Naturforscher sind jetzt fast völlig barbarisiert" (S. 35). Zugleich weiß Chargaff, dass „die einzige Tätigkeit des Intellekts, die in unsern Tagen blüht, die Naturforschung ist" (S. 66).

So ist Naturwissenschaft nicht irgendeine Tätigkeit, sondern fraglos die zentrale und repräsentative Tätigkeit unserer Zeit. Nach Chargaff ist sie, in der heutigen Form, Symptom eines kollektiven Wahns, einer kollektiven Hybris. Nicht nur in der Genforschung sei der Mensch angetreten, die Natur zu verändern und zu verbessern, dem schrankenlosen „Kolonialkrieg" des Intellekts zu unterwerfen, dem praktisch alle Völker huldigen, dem keine Regierung, kein Parlament die Gelder verweigert. Naturwissenschaft ist Religion, Heilsversprechen, Messianismus; sie besetzt das von den traditionellen Religionen hinterlassene Vakuum. „Wenn man Ausschau hält nach feuriger Gläubigkeit, ja sogar nach unduldsamer Sektiererentbranntheit: Wo sonst als unter den Naturforschern würde man all das finden in unserer entgötterten Welt?" (S. 221).

Der Brutalisierung korrespondiert die allgemeine Trivialisierung der Naturforschung, wie Chargaff immer wieder betont. Öde und Freudlosigkeit dominieren, und die oft trostlosen Einzelergebnisse werden mit gebührendem Jahrmarkslärm der staunenden Öffentlichkeit vorgestellt. Wobei allerdings das meiste ungelesen in wissenschaftlichen Fachzeitschriften verstaubt. Das ständig wachsende Heer der bestallten Naturforscher vermehrt die allgemeine Brutalität. Chargaff schreibt: „Als ich von fast 2¼ Millionen auf die Natur losgelassener Amerikaner hörte, rief ich aus: ‚Aber so viel Natur gibt es ja überhaupt nicht! Was sollen die alle anfangen?' Man gewinnt den Eindruck, dass unsere Politiker und Wissenschaftler jetzt auf die Natur schauen, als wäre sie das untergehende Römische Reich. Je mehr Vandalen auf sie gehetzt werden, um so größer die Beute. Ich brauche nicht zu betonen, wie idiotisch mir all das erscheint" (S. 211).

Erwin Chargaff zählt sich ausdrücklich nicht zu den Wissenschaftsfeinden, habe er doch einen großen Teil seines Lebens selbst der naturwissenschaftlichen Forschung gewidmet (S. 220). Und so verneint er auch die Möglichkeit einer prinzipiell anderen, einer alternativen Naturwissenschaft. Im dem Aufsatz „Gibt es Alternativen zu unseren gegenwärtigen Naturwissenschaften?" heißt es gleich zu Beginn: „Ich bin das oft gefragt worden und habe, soweit ich konnte, darüber nachgedacht. Leider bin ich, um eine Antwort vorwegzunehmen, zu dem Schluss gekommen, dass es unter den jetzigen Umständen keine Alternativen gibt, es sei denn man verzichte auf das Ganze. Entsagung ist aber unserer Zeit fremder als irgendeiner anderen." (S. 245) Später heißt es dann: „Die hauptsächliche Alternative zu den gegenwärtigen Naturwissenschaften wäre, sich ihrer zu enthalten, sie fallenzulassen. Ich habe schon anfangs angedeutet, daß das nicht geschehen wird; noch auch bin ich sicher, dass es wünschenswert wäre" (S. 249). Und am Ende des Aufsatzes findet sich dann die aufschlussreiche Formulierung: „So erhebt sich die Wiederentdeckung der Wirklichkeit als die einzige Alternative. Woher jedoch die Kraft zur Einschränkung kommen kann, welche die Menschheit zur makroskopischen Wirklichkeit zurückdrängt, weiß ich nicht" (S. 256).

Von der bloßen Möglichkeit dessen, was der Biologe Rupert Sheldrake als die „Wiedergeburt der Natur" in den Naturwissenschaften bezeichnet, ist bei Chargaff nichts zu finden. Auch nichts von jenen Tendenzen in der modernen Physik, etwa im Bereich der Feldtheorien, sich asiatischen oder überhaupt mystischen Strömungen gegenüber zu öffnen. Das große Thema einer (möglichen) Grenzüberschreitung des naturwissenschaftlichen Denkens, einer Öffnung zum Spirituellen oder zum kosmischen Sein, ist nicht das Thema Chargaffs. – Ob er eine Rettungschance für die Menschheit sehe, fragte ich ihn im Sommer 1991. Die Antwort war bemerkenswert und ist so in seinen Schriften nicht anzutreffen: Nur die Weisheit Buddhas, Laozis und Kongzis berge einen Hoffnungs- und Rettungsimpuls. Nur eine „asketische Kultur" könne uns retten. Diese aber, und das weiß Chargaff, ist unvereinbar mit dem herrschenden Paradigma. Eine Abkehr von den heutigen Methoden der Naturforschung, so schreibt er, erfordere „einen derartigen Riesensprung, dass er ohne eine vorhergehende soziale, moralische und psychologische Revolution von unvorstellbaren Ausmaßen gar nicht gedacht werden kann". „Es wäre [...] einer der größten Paradigmenwechsel der Weltgeschichte, vergleichbar mit der Entstehung des Buddhismus und dem Anfang des Christentums" (S. 209).

Darunter aber, wenn überhaupt, wird es nicht zu haben sein.

Jochen Kirchhoff

Ich lernte Chargaff Anfang August 1991 in dem Schweizer Ferienort Wengen im Berner Oberland kennen, den er liebte und über Jahrzehnte hinweg immer wieder aufsuchte, wie ich dann von ihm hörte. Es war eine jener merkwürdigen „Zufallsbegegungen", die wie von höherer Hand gesteuert wirken. Chargaff war fast noch verwunderter als ich bei unserem Zusammentreffen am Schweizer Nationalfeiertag. Ich war erst kurz vorher in Wengen eingetroffen. Der ersten Kurzbegegnung folgte ein langes Gespräch am nächsten Tag, wobei die Frage einer möglichen alternativen Naturwissenschaft im Mittelpunkt stand. Bevor ich in Wengen eintraf, hatte ich in Stuttgart den Philosophen und Psychotherapeuten Wolfgang Giegerich besucht und ihm die Übersicht meiner ersten Vorlesungsreihe an der Humboldt-Universität im Wintersemester 1991/92 mitgebracht. Diese konnte ich nun auch Chargaff präsentieren (siehe hierzu auch das Nachwort zur Neuausgabe meiner „Impulse für eine andere Naturwissenschaft", S. 282 ff.). Das Rahmenthema war: „Das lebende Buch der Natur – Brauchen wir eine andere Naturwissenschaft? Gegenentwürfe zum herrschenden Denken." Die Einzelvorlesungen waren unter anderen folgenden Themen gewidmet: „Die denaturierte Natur. Sinn und Wahn-Sinn der herrschenden Naturwissenschaft – Ideen zu einer Grundlagenkritik", „Die ‚Riesenmühle des Weltalls' und das Elend der Astronomie. Die anthropologische und kosmologische Herausforderung seit Kopernikus", „Kosmische Wüste oder All-Organismus. Bruno, Galilei, Newton – das Dilemma der neuzeitlichen Physik", „Der romantische Entwurf einer ‚höheren Physik'. Licht, Gravitation und Gestirne in der Romantik (Novalis, Franz von Baader, Schelling)", „Kosmische Energien und Felder der Gaia – die lebendige Fülle des Raums (die Feldtheorien von Sheldrake, David Bohm und Helmut Friedrich Krause)", und so weiter.

Die Vorlesungen waren im Sommer 1991 noch in der Planung; wie sie sich dann realiter gestalten und welche Resonanz sie auslösen würden, ließ sich im vorhinein schwer abschätzen. Auf jeden Fall war Chargaff erstaunt, dass sich jemand mit diesen Themen in die Öffentlichkeit wagte. Ich erwähnte ihm gegenüber auch eine von mir abgefasste „Anti-Geschichte der Physik von Kopernikus bis zur Quantenmechanik", für die ich noch keinen Verleger gefunden hatte. (Das umfangreiche Manuskript blieb bis heute unveröffentlicht.) Offenbar hatte Chargaff den „Baustoff der Welt" nicht gelesen; jedenfalls schwieg er dazu, und ich hakte nicht nach. Er war grundsätzlich skeptisch in bezug auf eine mögliche andere oder alternative Naturwissenschaft und brachte dies auch mir gegenüber klar zum Ausdruck. Der romantischen Naturphilosophie gegenüber gab er sich kritisch bis ablehnend, obwohl er einräumte, sie kaum zu kennen, was mich dazu veranlasste, ihm später meine Rowohlt-Monographie über Schelling zu schicken. (Zu seiner Reaktion darauf weiter unten.) Der einzige Naturphilosoph, bei dem er eine wirkliche Alternative zur herrschenden Naturwissenschaft sah, war für ihn Giordano Bruno. Das zu hören, überraschte mich auch deswegen, weil Bruno meines Wissens in seinen Büchern und Essays nicht erwähnt wird.

Wenn man die herrschende Naturwissenschaft angreifen wolle, meinte Chargaff, müsse man mit einer „Epistemologie der Naturwissenschaften" beginnen (Epistemologie = Erkenntnislehre). Hier sollte „das beanspruchte, behauptete Wissen" (so wörtlich) der Naturwissenschaften kritisch untersucht werden. Dann wieder sagte er (und das war wohl komplementär gemeint): „Die Ökologie muss am Anfang einer anderen Naturwissenschaft stehen." Beides kommentierte ich in der Grundrichtung zustimmend. Dann sprachen wir ausführlich über die globale Lage, und dies mit Blick auf die Frage: Gibt es Hoffnung auf eine Wende oder Kehre? Oder müssen wir uns damit abfinden, dass alles nur immer schlimmer wird und irgendwann in eine globale Katastrophe führt? In diesem Zusammenhang fielen die in der zitierten Rezension erwähnten Worte über Buddha, Laozi und Konfuzius.

„Ich bin jetzt 86 und will mit dem Schreiben aufhören; gerade habe ich mein letztes Buch abgeschlossen mit dem Titel ‚Vermächtnis'", sagte Chargaff. Ich bezweifelte das (und behielt recht darin). – Immer wieder gab es Exkurse zu unserem Zentralthema, die aber unerwähnt bleiben sollen. Spürbar war eine wechselseitige Sympathie, die sich dann auch in unserem (eher sporadischen) Briefwechsel zeigte.

Anfang November 1991 übersandte ich Chargaff meine Schelling-Monographie. In dem Begleitbrief heißt es unter anderem: „Wie in Wengen angekündigt, übersende ich Ihnen hiermit meine Schelling-Studie, die Sie hoffentlich mit Gewinn lesen werden. Am 22. Oktober – um 17.30 Uhr herum – müssen Ihnen die Ohren geklungen haben, denn da habe ich in meiner ersten Vorlesung der Reihe ‚Brauchen wir eine andere Naturwissenschaft?' von unserem Zusammentreffen in Wengen gesprochen, davon, was Sie damals zu der Gesamtkonzeption der Reihe zu mir gesagt haben; es ging um zentrale Fragen jeder Wissenschaftskritik, unter anderen darum, was das ‚Wissen' in den Naturwissenschaften eigentlich meint bzw. ob es dieses Wissen überhaupt gibt. – Letzte Woche habe ich über Heraklit gesprochen. Ich lege den endgültigen Übersichtsplan meiner Vorlesungsreihe bei. [...] Unser Treffen in Wengen am 2. August 1991 habe ich in sehr angenehmer Erinnerung. Ihr Buch ‚Vermächtnis' werde ich für den SFB besprechen, wenn es erschienen ist."

Schon am 11. November 1991 erhielt ich dann einen Brief:

Lieber Herr Kirchhoff,
herzlichen Dank für das schöne Geschenk mit der freundlichen Widmung und für Ihnen Brief vom 3. d. M. Ich habe nur wenig Zeit gehabt, in das Buch hineinzuschauen, kann aber nicht umhin, meine Bewunderung auszudrücken, dass es Ihnen gelungen ist, den Schelling zu verstehen. In meinen Büchern steht auch eine Auswahlausgabe in 6 Bänden herum, aber ich habe nie zustande gebracht, mehr als wenige Seiten zu lesen. Als Gymnasiast muss ich viel gescheiter gewesen sein, denn ein oder zwei Reclambändchen habe ich damals gelesen und, glaube ich, verstanden.

Das Verzeichnis Ihrer Vorlesungen an der Humboldt Universität ist sehr eindrucksvoll. Es ist ja ein Gebiet, über das man unendlich sprechen kann. ‚Vermächtnis' ist eine sehr gemischte Affaire, aber es sollte nicht schwer sein, etwas darin zu finden, wo man einhaken kann. Ihrer geplanten Zeitschrift sehe ich mit Interesse entgegen; ob ich selbst etwas beitragen kann, da muss man Gott befragen. Auch uns hat es sehr gefreut, Ihre Bekanntschaft zu machen.

Mit herzlichen Grüßen, Ihr Erwin Chargaff.

Das Zeitschriftenprojekt wurde nicht realisiert. Das „uns" in dem letzten Satz bezieht sich auf Chargaffs Frau, die an dem Gespräch beteiligt war. Den spezifischen Humor Chargaffs, wie er in seinem Brief an mich zum Ausdruck kommt, muss ich nicht eigens kommentieren oder gar interpretieren.

Ende Juli 1992 war ich wieder für einige Tage in Wengen, und wir trafen uns zu zwei Gesprächen, die jeweils rund zwei Stunden dauerten. Diesmal wechselten wir die Themen häufiger und schneller als ein Jahr zuvor, obwohl nach wie vor das Thema Naturwissenschaft im Zentrum stand. Zu Beginn sprachen wir über den Unterschied von Beschreibungs- und Erklärungswissenschaft. Chargaff beklagte, wie so oft in seinen Schriften, die Eindimensionalität im Denken und Forschen der heutigen Biochemie. DNA, Nukleinsäuren, Proteine etc., so meinte er, würden nie in der Lage sein, die lebendigen Formen zu erklären oder verständlich zu machen. Diese blieben ein Mysterium. – Wieder kam Schelling zur Sprache, anders als vor einem Jahr, da Chargaff mittlerweile meine Monographie kannte. Allerdings, um dies klar zu sagen, gab es keine grundsätzliche Korrektur an seinem Verdikt über die romantische Naturphilosophie. Mehr als eine gewisse Relativierung war nicht erkennbar. Einen tieferen Eindruck scheint mein Büchlein dann doch nicht hinterlassen zu haben, denn in den mir bekannten Chargaff-Essays danach finden sich keinerlei Lesespuren davon. Hierzu muss ich – möglicherweise erklärend – anmerken: Chargaff hatte einen sich fortgesetzt steigernden Widerwillen gegen zeitgenössische Autoren (Literaten, Naturwissenschaftler, Philosophen etc.). Zu mir sagte er; „Ich lese grundsätzlich nichts Zeitgenössisches, nur dann, wenn es über eine bedeutende Persönlichkeit eines früheren Jahrhunderts ist. Wenn ich die Wahl habe zwischen einem neuen naturwissenschaftlichen Buch, etwa über Gentechnik, und einem über Giordano Bruno, würde ich letzteres vorziehen."

Meine Monographie über Schelling – wie die über Bruno und Kopernikus – ist zwar einerseits ein historisches Werk, andererseits aber und zugleich ein solches mit durchaus eigenständigem philosophischem Anspruch. Insofern repräsentiert sie eine Art Mischform, wie sich auch an Chargaffs Reaktion darauf manifestiert, die, bei aller Anerkennung, auch etwas Ambivalentes hatte. Es war ersichtlich so, dass er sich auf die eigentlich zentralen naturphilosophischen Aspekte mit Blick auf eine mögliche Alternative zur herrschenden Naturwissenschaft nicht einließ. – Wie erwähnt, nahm er den „Baustoff der Welt" von Krause, den ich ihm schon im März 1991 zugeschickt hatte, nicht zur Kenntnis; jedenfalls äußerte er sich nicht dazu. Dabei hatte ich ihm von meiner Begegnung mit Werner Heisenberg im Sommer 1974 erzählt, die dort im Anhang von mir ausführlich dargestellt wird.

Dann sprachen wir über Lichtenbergs Witz und Sprachgewalt (und seinen Antisemitismus), über Christian Ludwig Liscov und seine grandiose, an Swift erinnernde Satire „Die Vortrefflichkeit und Notwendigkeit der elenden Scribenten gründlich erwiesen" (aus den 1730er Jahren), über Ernst Jünger (den Chargaff nur als Stilisten schätzte), über die Zeitschrift „Scheidewege", über Johann Mario Simmel (der Chargaff in einem seiner Romane verarbeitet hat), über Dietrich Fischer-Dieskau (nicht als Sänger, sondern als Chargaff-Leser) ...

Einmal sagte Chargaff: „Ich vermag mir nicht vorzustellen, wie man heutzutage Philosoph sein kann." Merkwürdigerweise ist mir meine Antwort darauf entfallen. Im nachhinein beschäftigte mich die Äußerung dann überraschend stark. Möglicherweise hatte ich eine Antwort gegeben, die mich wenig später nicht mehr befriedigte. – Die Weltlage beurteilte Chargaff mehr oder weniger einschränkungslos pessimistisch. Dennoch denke er über „hypothetische Rettungswege" nach, aber er komme immer wieder zu dem gleichen Resultat: „Es ist hoffnungslos. Der Untergang ist unvermeidbar." Und: „Ich sehe keinen Anhaltspunkt für einen echten Paradigmenwechsel oder die Herausbildung einer asketischen Kultur." Und dann (siehe oben): „Laozi, der schon in den zwanziger Jahren in vielen Übersetzungen verbreitet war, ist keine lebbare Alternative für das heutige Abendland." Und so weiter.

Insgesamt stehen die drei Begegnungen mit Erwin Chargaff, an denen auch seine Frau beteiligt war, sehr lebendig in meinem Gedächtnis. Das Eindrucksvollste vielleicht war der Mensch Chargaff. Selten habe ich einen so kultivierten und umfassend gebildeten Menschen kennengelernt. –

1994 brach der Briefwechsel zwischen uns vollends ab. Er konnte und wollte nicht mehr schreiben. 1996 soll er zum letzten Mal in Wengen gewesen sein. Ich selbst war erst wieder im Jahr 1999 dort. Da er nichts „Zeitgenössisches" lesen wollte, habe ich ihm weder „Was die Erde will" noch „Räume, Dimensionen, Weltmodelle" zugeschickt ...

Ergänzend bringe ich noch Auszüge aus unserem Briefwechsel:

4. Nov. 1992

Sehr geehrter, lieber Prof. Chargaff!

Wieder, wie schon vor einem Jahr, müssen Ihnen bei meiner Eröffnungsvorlesung am 20. Okt. die Ohren geklungen haben, habe ich doch Ihre Kritik am herrschenden Wissenschaftsbetrieb nebst Ihrer Diagnose, dass unsere Zeit generell am „Verlust der Wirklichkeit" krankt, in Kernaspekten vorgetragen. Ich lege die Übersicht über meine Vorlesung bei, die, von den ersten drei Abenden aus geurteilt, recht gut angelaufen ist. Das Interesse daran ist groß. [...] Der Sammelband bei Insel, der auch meinen Bruno-Essay enthält, ist noch nicht erschienen. Wenn Sie gelegentlich daran denken, mir den seinerzeit nicht in den „Vermächtnis"-Band aufgenommenen Vortrag bzw. Aufsatz zuzuschicken, wäre ich Ihnen sehr verbunden. Sie gehören für mich zu den ganz wenigen Autoren, von denen mich beinahe alles interessiert, was sie geschrieben haben. Meine hohe Wertschätzung Ihrer Prosa. kennen Sie; und daran hat sich nichts geändert. Gerne denke ich an unseren bei-

den Gespräche diesen Sommer in Wengen, ich bin dankbar dafür. Inzwischen werden Sie den Text meiner Rundfunkbesprechung Ihres letzten Essaybandes erhalten haben. Sonst kann ich Ihnen das Manuskript auch zuschicken. [...]

Für heute herzlichen Gruß, auch an Ihre Frau, Ihr Jochen Kirchhoff

4. Dez. 1992

Sehr geehrter Herr Kirchhoff,

vielen Dank für Ihren Brief vom 4. November. Der Katalog Ihrer Vorlesungen klingt sehr interessant. Wie reagiert Ihr Publikum darauf? Vor kurzem schickte mir Klett eine Kopie Ihrer Rundfunkrezension von „Vermächtnis", wenn ich noch erröten könnte, hätte ich das gewiss getan, denn als Nachfolger von Montaigne, Lichtenberg und Schopenhauer deklariert zu werden, ist doch etwas, was meinesgleichen nicht oft passiert. Jedenfalls möchte ich Ihnen dafür danken und kann nur hoffen, dass Klett daraufhin drei oder vier Exemplare meines Buches extra verkauft. Meinen in Aussicht gestellten Essay „Profanum vulgus" schicke ich Ihnen, sobald ich eine Kopie auftreiben kann. [...]

6. Febr. 1993

Sehr geehrter Herr Prof. Chargaff!

[...] Sie fragen nach der Resonanz meiner Vorlesungen. Ich denke, dass ich damit zufrieden sein kann. Immer wieder wird mir bestätigt, dass so etwas im Universitätsbereich sonst nicht zu finden ist. Ich habe Hörer der unterschiedlichsten Fächer, viele auch aus West-Berlin, neben Studenten allgemein Interessierte, die davon gehört haben. Nun mache ich mir nichts vor über die immense Schwierigkeit der Thematik; ich bin hier ein unaufhörlich Lernender, der nicht immer weiß, ob er der Sache in vollem Umfang wirklich gewachsen ist. Das kann man wohl auch gar nicht. Und so vermittle ich eher offene Horizonte und Fragen als Antworten, die als solche abzuhaken wären. Das gerade kommt an. „Fragezeichen für solche, die Antwort haben", nannte das Nietzsche. Das heißt nicht, dass ich mich um die Verbindlichkeit, wo sie denn angezeigt ist, drücke. [...]

Den vorletzten Brief Chargaffs erhielt ich am 10. März 1994. Zugleich mit zwei Sonderdrucken aus der Zeitschrift „Scheidewege" mit den Essays „Segen des Unerklärlichen" und „‚Kannbibal ante portas!' Gegen die übertriebene Förderung der Naturforschung durch den Staat". Ich ließ ein halbes Jahr verstreichen, ehe ich auf den Brief und die beiden Essays reagierte. Schon im Herbst 1993 hatte ich Chargaff eine Kopie meines Aufsatzes in dem Band „Am Fluss des Heraklit. Neue kosmologische Perspektiven", der im Insel Verlag erschienen war, zugeschickt. Auch hier gab es keine inhaltliche Stellungnahme von seiner Seite. Ich gewann den Eindruck, dass er sie mir gegenüber grundsätzlich mied ...

12 Wie relativ ist die Relativität?

Eine kleine (und ketzerische) Nachbemerkung zum Einsteinjahr 2005

Wenige nur, so vermute ich, werden sich noch detailliert an das Einsteinjahr 2005 erinnern. Und doch, oder gerade deswegen, mag ein knapper Rückblick sinnvoll sein. Warum überhaupt ein „Einsteinjahr 2005"? Weil es galt, an jene vier Abhandlungen Einsteins von 1905 zu erinnern, die in den „Annalen der Physik" erschienen waren, vor allem an den Aufsatz „Zur Elektrodynamik bewegter Körper", der die spezielle Relativitätstheorie begründete. Es versteht sich, dass die Medien 2005 fast rundum als Einstein-Jubeljahr zelebrierten. Wie so häufig in solchen Zusammenhängen tat sich besonders das Magazin „Der Spiegel" hervor. Das Cover der dritten Ausgabe von 2005 trug den Titel „Einstein, 1905. Die Erfindung von Zeit und Raum". Man sieht einen seltsam stilisierten Einstein, der mit seinem Zeigefinger ins Universum deutet. Um ihn herum Planeten, Saturn und Erde etwa, dahinter so etwas wie die computerisierte Krümmung eines Gitters (die wohl auf die postulierte Raumkrümmung anspielt) und unscharf oder verwaschen wirkende Sterne. Der Zeigefinger befindet sich ziemlich genau in der Mitte der Krümmung, fast so, als werde diese durch ihn bewirkt. Und im Heft heißt es dann in der Überschrift: „Das Wunder vom Bern. Weltweiser, Genie, trotteliger Professor. Wie kein anderer Wissenschaftler wurde Albert Einstein zur Pop-Ikone. [...] Doch was ist das Geheimnis der Einstein'schen Geniestreiche?"[25] Die Titelgeschichte beantwortet diese Frage in keiner Weise, sondern wiederholt nur die altbekannten Behauptungen. Wer den Beitrag zum Jubeljahr so liest, wie er angelegt ist, und das gilt für die meisten Beiträge damals, der muss den Eindruck gewinnen, dass Einsteins Relativitätstheorien (die spezielle und die allgemeine) eigentlich gar keine Theorien mehr sind, die sich irgendwie auch anzweifeln oder kritisch hinterfragen ließen, sondern dass sie schlicht die Wirklichkeit abbilden (von Winzigkeiten abgesehen) und dass alle Kritiker (und es gibt deren viele) physikalische Ignoranten und Dilettanten sind, zu unbedarft, um den revolutionären Tiefsinn Einsteins zu begreifen, und sich einfach weigern, die erdrückende Fülle der Beweise pro Einstein zur Kenntnis zu nehmen.

Nun wird dieser Eindruck sowohl in Fachzeitschriften als auch in den allgemeinen Printmedien und den einschlägigen Wissenschaftssendungen im Fernsehen seit Jahrzehnten zu erwecken versucht, und dies durchaus mit Erfolg. Die Medienhoheit der Pro-Einstein-Fraktion ist autoritär und dogmatisch wie die der Urknallbefürworter, so dass die breitere Öffentlichkeit von den durchaus vorhandenen seriösen Alternativen fast gar nichts erfährt. (Es versteht sich, dass es auch unseriöse Einstein-Kritik gibt; aber was heißt schon „seriös oder unseriös" auf diesem Feld? Für mich sind die Längenkontraktion und die Zeitdehnung der speziellen Relativitätstheorie schlicht Science-Fiction, unseriös durch und durch, die philosophisch windige Ontologisierung eines mathematischen Modells.)

Das Einsteinjahr 2005 zeigte einmal mehr, dass sich die Medien nicht zu schade sind für einen Personen- und Ideenkult um Einstein und die Relativität, der religiöse Züge trägt und zugleich politisch-moralisch aufgeladen ist. So gehört es schon fast zur Political Correctness, pro Einstein zu sein (Einstein wurde von den Nazis aus Deutschland vertrieben; sie verunglimpften seine Relativitätstheorie als „jüdischen Weltbluff"). Einen ähnlichen Kultstatus hat neben dem Urknall nur noch die Quantentheorie; auch hier tut man so, als ob es keine tragfähigen Alternativen gäbe, und dies, obwohl hinlänglich bekannt ist, dass sich Relativitätstheorie und Quantentheorie in ihren Grundlagen widersprechen und daher alle Versuche, sie mathematisch-physikalisch kompatibel zu machen, gescheitert sind.

Zu den wenigen einsteinkritischen Veröffentlichungen im Einsteinjahr 2005 gehörte mein Essay „Einstein forever? Ein kleiner Abgesang auf eine Kultfigur" in der Zeitschrift „raum & zeit" (Nr. 137, S. 92–98). Nach einigen Seitenhieben auf den medialen „Einsteinrummel" als Entrée widmet sich der Artikel der erkenntniskritischen Analyse einiger der Zentralbehauptungen der speziellen Relativitätstheorie. Nun weiß ich, dass Einstein auch bei „schöngeistigen Intellektuellen", Künstlern und (weitgefasst) „Esoterikern" hohe Verehrung genießt, auch wenn diese, näher befragt, gar nicht klar sagen können, worum genau es nun bei der speziellen und allgemeinen Relativitätstheorie geht. (Weder die sogenannten Rohdaten noch die philosophischen Prämissen, auf denen das Ganze ruht, sind in der Regel in diesen Kreisen bekannt, was nicht verwunderlich ist, weil auch „gelernte Physiker" häufig darüber wenig oder gar nichts wissen.) Insofern war es für mich interessant, zu sehen, wie mein kleiner Artikel dort aufgenommen wurde. Schon in meinem Buch „Räume, Dimensionen, Weltmodelle" habe ich an mehreren Stellen meine Einstein-Kritik vorgetragen, doch ist sie dort eingebettet in einen größeren Kontext, was sie in gewisser Weise abmildert, während sie nun in dem „raum & zeit"-Essay direkt und sozusagen pur heraustrat.

Ich will nun – ohne Namensnennung – ein Beispiel für die angesprochene Reaktion oder Resonanz zur Sprache bringen, das verallgemeinerbar ist. Einem Zeitschriftenredakteur, der einige Sachen von mir kannte und der mich, wie ich wusste, auch schätzte, schickte ich eine Kopie meines Einstein-Artikels zu, einfach, um ihn davon in Kenntnis zu setzen. Ich legte den Artikel einem Text von mir bei, den ich der Zeitschrift ohnehin zusenden wollte. Bei dem sich anschließenden Telefonat wurde zunächst ausschließlich von dem zuletzt genannten Text gesprochen. Erst auf meine Nachfrage hin, ob er die Kopie meines „raum & zeit"-Essays erhalten habe, kamen wir auf den Einstein-Beitrag zu sprechen.

Hier stellte sich heraus, dass er den Artikel nur überflogen hatte; gleichwohl meldete er grundsätzliche Bedenken an: So könne man mit einem doch allgemein anerkannten und verehrten Forscher wie Einstein nicht umgehen. Wohlgemerkt: Ich hörte kein sachliches Argument, dem ich irgendwie hätte Paroli bieten können; vielmehr spürte ich ein prinzipielles Unbehagen und eine Unwilligkeit, sich mit dieser Sache überhaupt zu befassen, und zwar aus Gründen der moralisch-politischen Korrektheit. Ich bat darum, den Essay einem anderen Redakteur weiterzuleiten, von dem ich wusste, dass er naturwissenschaftlich beschlagen war (er hatte sich zu dem Verhältnis von Naturwissenschaft und Spiritualität in der Zeitschrift geäußert). Dies wurde mir zugesichert. Danach geschah nichts weiter. Mein Vorstoß verlief im Sand. (Zur Ehrenrettung der Redakteure muss ich anführen, dass meinem Artikel von der „raum & zeit"-Redaktion, neben anderen Abbildungen, auch eine Art Collage mit einem etwas verfremdeten, das heißt karikaturistisch verschmalten Einsteinkopf beigefügt war – eigentlich harmlos, aber „nicht jedermanns Sache". Vielleicht war diese Collage der Stein des Anstoßes bzw. der politisch-moralische Aufhänger.)

Wie eng wissenschaftliche mit politisch-moralischen Faktoren verbunden sind, lässt sich an der Klimadebatte verfolgen. Ich schreibe dies im Frühjahr 2010, also zu einer Zeit, in der zunehmend deutlich wird, dass die meisten Klimaprognosen recht zweifelhafte Größen darstellen und der Weltklimarat in arge Bedrängnis geraten ist. Aus der Fülle und auch der Streubreite der Rohdaten – und das ist gang und gäbe in der Wissenschaft – wurden und werden Wunschkurven herausgelesen, die eine jeweils favorisierte Theorie, möglichst eine solche im Einklang mit dem Zeitgeist und der Political Correctness, beweisen sollen. Und das führte und führt allzu häufig dazu, dass sperrige oder auch beim besten Willen nicht mit der gewünschten Theorie zu vereinbarende Daten entweder geleugnet oder, wenn dies nicht mehr möglich ist, als irrelevant bezeichnet werden. Dass sie vom Zeitgeist oder von der Political Correctness abhängig sein sollen, weisen Wissenschaftler meist weit von sich. Aber es ist so, wie sich an einer Vielzahl von Beispielen klar belegen lässt.

Und Abweichler werden in der Scientific Community gnadenlos abgestraft mit oft ruinösen Folgen für die Betreffenden. Das breite Publikum weiß davon in der Regel gar nichts. So wissen auch die meisten derjenigen, die sich für gut informiert, kritisch und intelligent halten, wenig bis nichts von der Grundlagenkritik an Einstein, die von seiten gestandener Physiker seit Jahrzehnten vorgetragen wird (und dies ganz unabhängig von philosophischen Kritikern wie Helmut Krause oder Jochen Kirchhoff). Ich nenne hier nur zwei intellektuell brillante Bücher als Beispiel: „Die Relativitätstheorie. Lehre, Wirkung, Kritik" von Walter Theimer (1977) und „Requiem für die Spezielle Relativität" von Georg Galeczki und Peter Marquardt (1997). Als Philosoph nehme ich eine ganz andere Position ein als diese drei Autoren und Physiker, aber das hindert mich nicht, ihnen hohe Anerkennung zu zollen. Wer Galeczki und Marquardt liest (und das heißt: gründlich studiert, ein „Querlesen" ist unmöglich), wird kaum noch ernsthaft „Relativist" im Einstein'schen Sinn bleiben können. Zumindest werden ihm bohrende Zweifel an der herrschenden Sicht der Dinge kommen, wie sie die mediale Öffentlichkeit propagiert.

Im Einsteinjahr 2005 wurde, wieder einmal, eine Chance vertan, jenseits von Dogmatismus und vordergründig verstandenem Zeitgeist, eine kritische Debatte über Sinn und Unsinn der Relativitätstheorie anzustoßen. Die Gründe dafür liegen auf der Hand. Wer die harten Bandagen kennt, mit denen meinungsbildende Wissenschaftler ihre Reputation und die von ihnen vertretenen Theorien kämpferisch verteidigen, indem sie ihren ganzen Machtapparat in Bewegung setzen, der wird sich nicht wundern, dass Einstein-Kritiker – wie auch Urknall-Kritiker – in medialen Foren und Podien nicht auftauchen. Dass ich seinerzeit am Urknall-Podium in der Berliner Urania teilnehmen konnte, lag schlicht daran, dass die Veranstalter meine Grundlagenkritik der herrschenden Kosmologie im Vorfeld nicht kannten. Wäre sie ihnen bekannt gewesen, hätte ich diese Einladung für das Podium nicht erhalten.

Wie relativ ist die Relativitätstheorie? Bei vielen ist von Einstein kaum mehr angekommen als dies: Irgendwie ist alles relativ, was man früher für absolut hielt, sogar Raum und Zeit. Und: Einstein ist ein Genie, ein überragender Physiker, der größte seit Newton. Und: Die Relativitätstheorie ist klar bewiesen worden. Sie ist für Laien schwer verständlich, weil sie so viel Mathematik enthält. Soweit der Kenntnisstand (besser: „Glaubensstand") des breiten Publikums.

Ich benutze jetzt Relativitätstheorie im Singular, eigentlich gibt es ja bekanntlich zwei Theorien dieses Namens, die spezielle und die allgemeine. Schon für die sogenannte spezielle Relativitätstheorie ist der Name eigentlich irreführend. Es handelt sich eher um eine Absoluttheorie, und zwar eine solche des Lichts. Einstein war, philosophisch gesehen, Licht-Metaphysiker. Er machte das Licht – bzw., davon abgeleitet, die Lichtgeschwindigkeit – zum Absolutum, zur *Prima Causa*, zum herrschenden Weltprinzip, dem sich selbst Raum und Zeit zu fügen haben. Nun kann man die Geschwindigkeit des Lichts, Bewegung überhaupt, nur bestimmen, wenn man den in diesem Sinn absoluten Bezugsrahmen von Raum und Zeit zugrundelegt. Und das macht natürlich auch Einstein. Doch dann wird in einem verblüffenden Salto mortale nun diese Größe Lichtgeschwindigkeit quasi eingefroren und für absolut erklärt.

Um dies zu ermöglichen – also zugunsten einer letztlich mathematisch-metaphysisch postulierten Invarianz (für die es keinen experimentellen Beweis gibt) –, müssen dann Zeit- und Raumgrößen, ja Zeit und Raum selbst relativiert werden. Ein gigantischer Zirkelschluss entsteht, mit dem man aber, und das ist wichtig, rechnen kann. Die Mathematik siegt, wie so häufig, über die eigentliche Physik, die sie zur Dienerin herabstuft, zur Befehlsempfängerin. Aus einer Hilfswissenschaft, die in Grenzen sinnvoll angewendet werden kann, wird eine Leitwissenschaft. Dem haben sich die Phänomene zu beugen.

Ergänzend sei angemerkt, dass die sogenannte allgemeine Relativitätstheorie ihren Namen zu Unrecht trägt; er ist nicht nur irreführend, sondern schlicht falsch. Die allgemeine Relativitätstheorie ist keine Verallgemeinerung der speziellen, sondern eine Theorie eigener Art, die der früheren Theorie in Teilen widerspricht, was Einstein selbst zugab.

Ich zitiere aus meinem Einstein-Essay von 2005:

Die spezielle Relativitätstheorie besteht eigentlich, wenn man sie logisch und physikalisch analysiert, aus zwei Theorien. In der ersten Theorie sind die beiden Axiome der speziellen Relativitätstheorie in ihren Konsequenzen nur Scheineffekte, quasi mathematische Gedankenspiele, die aber nicht buchstäblich real sind. Es wird angenommen, dass nur Relativbewegungen physikalische Bedeutung haben und dass die Lichtgeschwindigkeit für jeden Beobachter, unabhängig von seiner Bewegung, konstant ist. Also Längen werden nicht wirklich verkürzt (es scheint nur so); die Zeit dehnt sich nicht wirklich (es scheint nur so) und so weiter.

Man kann das witzig oder originell finden, weil man in sich widerspruchsfrei damit rechnen kann. Das Licht lässt sich mathematisch-abstrakt zum Absolutum stilisieren – für den Mathematiker kein Problem. Damit kann man das Raum-Zeit-System, bislang fest verankert, aus dieser Verankerung reißen und eben ‚relativieren'. Nur müssen derartige Rechenoperationen […] nicht die Realität tangieren.

Schließlich kann ein metrischer Als-ob-Effekt nichts an den Dingen ändern, wie sie wirklich sind. Würde er dies können, wäre er ein realer Effekt, wobei natürlich die Frage aufsteigt, wie dies möglich ist. Verlässt man also den hermetischen Zirkel der Als-ob-Welt der mathematischen Abstraktion und begibt sich in die Welt der physikalischen Realität, wird es heikel. Plötzlich geraten Schein und Realität verwirrend durcheinander. Was ich von meinem – relativen und wie immer bewegten – Beobachterstandort aus messe, soll nun real sein. Metrische Operationen, die die absolute Größe der Vakuumlichtgeschwindigkeit nicht antasten dürfen, werden nun überraschend ontologisiert. Die mathematische Fiktion wird zur Wirklichkeit erklärt. Es gibt nun kein Als-Ob mehr, sondern „knallharte Realität". Damit sind wir bei der zweiten Theorie in der speziellen Relativitätstheorie.

Einstein und seine Anhänger changieren ständig zwischen beiden Varianten mit eindeutiger Präferenz für die zweite, also für die wundersame Wirklichwerdung von axiomatisch gesetzten Messvorschriften. Das geht bis in die Sprache hinein, wie man in Physik-Lehrbüchern verfolgen kann. Oft heißt es, bezogen auf den Effekt x, etwa die gedehnte Zeit: „… scheint für einen bewegten Beobachter". Was heißt das: „scheint" für einen bewegten Beobachter (= Als-ob-Effekt)? Oder löst der bewegte Beobachter einen physikalisch realen

Effekt aus, durch Fernwirkung sozusagen? (Wie geschieht das?) Dass wir hier auf kritischem Terrain sind, wissen natürlich die Anhänger der speziellen Relativitätstheorie. Sie haben dafür eine Lösung: Fragen dieser Art werden als „Scheinfragen" deklariert, als – beliebtes Wort – „vorrelativistisch". Damit tut sich ein Abgrund auf.

Welche Vorstellung von Wirklichkeit wird hier vorausgesetzt? [...] Wenn die Als-ob-Effekte ontologisiert werden, also physikalisch real sein sollen, ist eigentlich die Relativitätstheorie überflüssig. Dann geht es um reale Effekte, die solide erklärt werden müssen. Wenn ein Stück Materie sich verkürzt, etwa der Teil einer Apparatur in der Bewegungsrichtung der Erde (siehe das Michelson-Morley-Experiment), dann lässt sich fragen, welche realen physikalischen Kräfte dafür verantwortlich sind. Man kann nicht beides haben: Das Relativitätsprinzip mit seinen Als-ob-Effekten und dem Raum-Zeit-Verschiebebahnhof, den die Absolutheit der Lichtgeschwindigkeit erzwingt, und das Prinzip realer Kräfte mit realen Effekten in einem verlässlichen Ordnungssystem (das sozusagen immun ist gegen den relativistischen Virus).

Hinzu kommt, dass es für die Zentralbehauptung der speziellen Relativitätstheorie – also die Absolutheit des Lichts bzw. der Lichtgeschwindigkeit – keinen empirischen Anhaltspunkt, geschweige einen Beweis gibt, der einer kritischen Betrachtung standhält. Generell lässt sich feststellen [...]: „Die Bestätigung der Relativitätstheorie setzt die Relativitätstheorie voraus."[26] Zu diesem Urteil kommt der Physiker und Biochemiker Walter Theimer; und mit ihm kommen etliche andere Einstein-Kritiker (so auch ich) zu dem Ergebnis, dass die so bewunderte Theorie zirkelhaft gebaut ist, das heißt, stets das voraussetzt und voraussetzen muss, was eigentlich bewiesen werden soll. Um die Größe c (= Lichtgeschwindigkeit) konstant zu halten, müssen die Raum- und Zeitmaße relativiert werden. Und umgekehrt. Auch die vierdimensionale Minkowski-Welt ist – kritisch analysiert – nichts weiter als eine mathematische Illustration der Einstein'schen Behauptungen und kann ihrer Struktur nach gar nicht bewiesen werden. [...] Selbst der Einstein-Bewunderer Max Jammer, den die Mainstream-Physiker als einen der bedeutendsten Wissenschaftstheoretiker in hohen Ehren halten und dessen Buch über das Raumproblem in der Erstausgabe ein Vorwort von Einstein ziert (von 1953), kommt mit Blick auf die relativistische Ableitung der behaupteten Massenzunahme bewegter Elektronen zu dem Urteil: „Das willkürliche Moment, das in der Begriffskonstruktion der Theorie zum Ausdruck kommt, erscheint wiederum in der Interpretation der empirischen Daten."[27] (So nachzulesen in seinem Buch „Der Begriff der Masse in der Physik".)

[...] Schon die Messung der Lichtgeschwindigkeit hat ihre Tücken. Was wird eigentlich gemessen? Diese Frage, so überraschend es klingt, ist keineswegs geklärt. Oft unterscheiden die Physiker nicht streng zwischen Einweg-Geschwindigkeit und einer gemittelten Zweiweg-Geschwindigkeit (Hin-und-zurück-Geschwindigkeit). Auch variieren die Messvorschriften. [...]"[28]

Ich kann das hier abbrechen. Was oben gesagt bzw. im Selbstzitat gebracht wurde, sind kaum mehr als Präliminarien zu einer Einstein-Kritik. Wer es über sich bringt, den ganzen Komplex kritisch durchzuarbeiten, um den es hier geht, gerät schnell in einen Irrgarten, aus dem viele nicht mehr herausfinden. Bei der Quantentheorie ist es ähnlich. In gewisser Weise ist es geradezu geboten, diesen Irrgarten zu meiden. Die theoretische Physik insgesamt, daran muss erinnert werden, gehört zur Speerspitze des Abstraktionismus heute, den der megatechnische Pharao global voranpeitscht. Mit desaströsen Folgen.

Eigentlich ist schon der Begriff „theoretische Physik" ein Unding. Er unterstellt, dass man Wirklichkeit theoretisch-abstrakt abbilden kann und dass es möglich ist, mit mathematischen Modellen sinnvoll zu operieren und sie als Mittel der Welterkenntnis in Anschlag zu bringen, ohne die eigentlich ontologische Frage, die nach dem Sein, stellen zu müssen. Nach meiner Überzeugung ist das, wenn überhaupt, nur in engstem Rahmen möglich, und dies auch nur, wenn man die primär hilfswissenschaftliche Funktion der Mathematik dabei nicht aus den Augen verliert und den Mathematismus nicht zum herrschenden Prinzip erhebt. Mathematische und computergestützte Modelle können leicht ein gespenstisches Eigenleben entfalten und irgendwann die Realität hinter einer abstrakten Nebelwand zum Verschwinden bringen. Und wenn diese Nebelwand dann noch spirituell aufgewertet und aufgeladen wird, im Sinn der Konvergenzbehauptung von Physik und Spiritualität, gerät das Ganze vollends aus den Fugen.

Nun möchte ich diese kleine Abhandlung oder Nachbemerkung mit einem Einstein-Rätsel abschließen, das zugleich eine Denkaufgabe ist und immer wieder mal in der einschlägigen Literatur Erwähnung findet:

Das Männchen A (eines der berühmten abstrakten Einstein-Männchen) reitet auf einem Lichtstrahl in die eine Richtung, während das Männchen B in die genau entgegengesetzte Richtung auf seinem Lichtstrahl dahinrast. Wie schnell ist Männchen A für Männchen B – und umgekehrt?

Die Frage ist eine harte Nuss für Einsteinianer, weil es gemäß dem Additionstheorem der Geschwindigkeit kein Resultat geben darf, das die Größe c – also die Lichtgeschwindigkeit – überschreitet. (Das Additionstheorem ist einer der vielen mathematischen Tagträume der Relativisten.) Kann die Relativgeschwindigkeit der beiden Phantom-Männchen größer als c sein (c + c ist ja 2c)? Die Relativisten sind sich nicht einig. Max von Laue jedenfalls, der Einsteinförderer und -freund, sprach sich klar für 2c, also das Doppelte der Lichtgeschwindigkeit aus, und dies ohne die Männchen.

Wird damit nicht dem Additionstheorem widersprochen? Oder kann man sich damit herausreden, dass es ja „nur" ein Gedankenexperiment sei? Kaum, denn Gedankenexperimente sind ein integraler Teil der Einstein'schen Theorie und keineswegs eine zu vernachlässigende Beigabe. Man denke an das gleichfalls berühmte Phantom-Männchen im Fahrstuhl, das nicht unterscheiden kann zwischen Schwerkraft und Trägheit (Schlussfolgerung: Es gibt gar keinen

Unterschied nach Einstein!). Legendär sind die beiden Zwillingsbrüder (gleichfalls abstrakte Männchen), die in einem Höhenunterschied von zehn Metern zwischen den jeweiligen Etagen eines Hauses leben und nach 30 Millionen Jahren eine Differenz ihrer Lebensdauer von einer Sekunde erreichen. (Renommierte Lehrbücher führen das sogenannte Zwillingsparadox als seriöse Physik vor, was schon bizarr ist.)

Genug –

13 Kann der Geist sich selbst erkennen?

Gedanken zu Bewusstsein und Meditation

Was immer der Mensch ist, er ist auch ein Bewusstseinswesen, ja es lässt sich sagen, dass dieses rätselhafte Etwas mit dem Namen Bewusstsein ihn geradezu konstituiert. Wenn ich, wie gerade jetzt am Schreibtisch, um mich blicke, dann habe ich eine klar konturierte und, wie es scheint, festgefügte Welt vor Augen, in deren Mittelpunkt ich mich selbst befinde. Jeder Mensch sitzt zunächst einmal wie die Spinne in einem riesenhaften Netz, das um ihn herum ausgespannt ist. Das menschliche Ich-Bewusstsein ist das Zentrum dieses Netzes. Das Ich ist bewusstseinsphänomenologisch ein, oder besser wohl: das Zentrum der Welt. Jeder Mensch ist notwendig Egozentriker (wenn ich hier Ich und Ego gleichsetze und den psychologisch-moralischen Negativakzent, der mit diesem Begriff verbunden ist, weglasse). Alles Wir und Du, alle Verbindung und Gemeinschaft, erwächst aus dieser Grundgegebenheit: dem Ich-Bewusstsein als Weltzentrum.

Die visuelle Wahrnehmung meiner Umwelt, die meines Arbeitszimmers hier, ist ein liegendes Oval mit unscharfen Rändern, das ich über die Ortsveränderung und Bewegung des Körpers woanders verankern und zentrieren kann. Im Normalfall gibt es keine Möglichkeit, aus diesem Oval auszusteigen bzw. es zu erweitern. Nur in sehr seltenen Grenzzuständen kann es geschehen, dass eine Rundum-Wahrnehmung Platz greift, so als hätte man auch seitlich und hinten Augen. Dann wird der visuelle Ausschnitt zum Rund. Nur einmal habe ich eine derartige Rundum-Sicht, und zwar am Tage und am Schreibtisch sitzend, in einem etwas erschöpften Zustand erlebt (im Frühjahr 1976). Ich konnte deutlich erkennen, was seitlich und hinter mir ist, und zwar gleichzeitig. (Eine psychoaktive Substanz, um das klar zu sagen, war dabei nicht im Spiel.) Eng gekoppelt an das visuelle Oval ist die eigene Leibesempfindung. Der Leib ist zum einen der belebte Körper aus der Perspektive seines „Besitzers" (zugleich natürlich aus der Perspektive der anderen) und zum zweiten das gefühlte Innen, das für den je Einzelnen nicht mit dem Körper identisch ist. Der Leibesraum, den man auch als seelisch-leiblichen Raum bezeichnen kann, ist zwar an den physischen Körper einer bestimmten Struktur und Ausdehnung gekoppelt, ragt aber weit und auch seltsam eigengesetzlich über den Körper hinaus. Man kann sich sehr weit fühlen, den eigenen Leib als einen expandierenden erleben (bis an die Grenzen des Sehfelds), aber gelegentlich auch extrem eng und klein, etwa in depressiven Zuständen, die die Leibesempfindung geradezu punktförmig werden lassen. Der Körper ist ein dreidimensionales Ding in der Sinnenwelt mit einer klar definierten und messbaren Ausdehnung; der Leib dagegen hat keine eindeutig fixierbaren Grenzen (obwohl er durchaus begrenzt ist), er wirkt fluidal und ist eingebettet in Atmosphären. (Mit großer Achtung verweise ich hier auf die Forschungen des Philosophen Hermann Schmitz.)[29]

Ist das visuelle Feld ein liegendes Oval (wir sehen leiblich quasi aus einem großen Stirnauge heraus), so ist das akustische Feld eine Kugel, die den Menschen umgibt und umhüllt und in enger Beziehung steht zu unserer Raumorientierung. In gewisser Weise ist der uns umgebende (und uns ja auch durchdringende) Raum immer und grundsätzlich ein Klangraum. In diesem durchdringen und überlagern sich der seelisch-leibliche und der Anschauungsraum, wozu sich wahrscheinlich auch ein „höherer Raum" gesellt, der ohnehin allem Räumlichen zugrundeliegt (siehe meine „Anderswelt", S. 72 ff.). Das sei hier nur tupferhaft angedeutet; dahinter steht ein riesenhafter und faszinierender Komplex.

Das Ich-Bewusstseinszentrum, das mit dem Menschen gegeben ist und wohl in Vorformen auch bei höheren Tieren auftritt, ist für sich selbst eine blinde Stelle; es strahlt nach außen, in die Welt hinaus, ja ist irgendwie ausgegossen in diese, aber parallel dazu eine hermetische Kammer, zu der es selbst keinen Schlüssel besitzt. Das Ich ist hell nach außen, aber dunkel nach innen, dunkel in seinem Für-sich-Sein. In diesem Sinn – und überhaupt – ist das Ich-Bewusstsein nicht hintergehbar; es ist die *Conditio sine qua non* der Weltwahrnehmung. Es steht im Weltprozess und ist von diesem nur in Abstrahierung zu trennen oder abzulösen, ohne deswegen sein Für-sich-Sein einzubüßen. Das ist rational nicht aufzuhellen, es bleibt ein Mysterium, wie dieses Zusammenspiel von Ich-Sein und, umfassend verstanden, Welt-Sein in der Tiefe gebaut oder „eingehängt" ist.

Was Erwin Chargaff über das Leben schreibt, möchte ich sinngemäß und mit nur geringer Einschränkung auch für das Ich-Bewusstsein in Anwendung bringen (schließlich ist das Ich per se ein lebendiges Ich): „Für das primär Unerforschliche muss das Leben gelten. Wo immer wir es anfassen, ist es weggegangen, kleine, oft irreführende Spuren hinterlassend. Ich glaube nicht, dass das Lebendige sich selbst erforschen kann. Sogar unsere Sprachen verlassen uns, wenn wir darüber reden wollen; wir entwürdigen es, wenn wir es in unsere Syntax, in unser Vokabular pressen wollen."[30]

Jeder Mensch ist er selbst. Das ist eine sowohl banale als auch abgründige und in die Tiefen unserer Existenz hineinreichende Feststellung. Jeder Mensch ist er selbst in seiner Gestalt, seinem Schicksal, seinem Werden und Vergehen, seinem Leiden, seinen Ekstasen der Freude, seiner Trostlosigkeit, seinem Wahn, seiner Erkenntnis und so fort. Jeder stirbt selbst, wie er selbst gelebt hat. Auch im Tod entgeht er sich nicht, ja gerade hier nicht! Und jedes Selbst-Sein ist der verbindliche Ernstfall, keine Generalprobe, sondern das Stück als Premiere. Irgendwie ist ständig Premiere. Und doch ist das Stück uralt, wie die Schauspieler uralt sind. Uralt, auch wenn sie jung sind. Und wohl auch umgekehrt.

Was für das Ich-Sein oder das Selbst-Sein gilt, gilt auch für das Bewusstsein = Bewusst-Sein schlechthin. Es hat keinen Geheimgang zu sich selbst, weil es alle Gänge und Zugänge, die es überhaupt gibt, ist. Das Bewusstsein ist der Schauplatz und der ewige Akteur in einem. Und der Zuschauer, alle Zuschauer. Man ist versucht zu sagen: Das Bewusstsein (Bewusst-Sein) ist ewig alles.

Sind Bewusstsein und Geist deckungsgleich? Die Frage möchte ich bejahen. Möglicherweise ist Geist, in der Tiefe aufgefasst, notwendig Selbst-Bewusstsein. Wo Geist ist, ist auch ein Selbst. (Buddhisten, orthodoxe zumal, bestreiten das.) Letztlich sind Bedeutungsfragen angesprochen: Was ist Geist, was Bewusstsein, was (ein oder das) Selbst? Das lässt sich definitorisch nicht packen. Es dennoch zu versuchen, wie es nicht nur viele abendländische Denker versucht haben, führt leicht in eine scholastische Begriffsklöppelei (die es auch in allen Schulen des Buddhismus reichlich gibt, gemildert allerdings durch die Essenz der hier zugrundeliegenden Weisheit).

Das Bewusstsein kann nicht erkennen, was es selbst ist. Der Geist ist er selbst. Gleichwohl gibt es Ebenen und Stufen des Bewusstseins, des Geistes. Es gibt eine Entwicklung, die aber immer zugleich im ständig anwesenden Geist-Ganzen steht bzw. sich darin vollzieht. Hier bewegt man sich auf einem schwierigen Terrain, das auch mit der Struktur der Sprache, einer bestimmten Sprache, und der Grammatik zu tun hat, auch mit der Aura und Trennschärfe und dem Bedeutungsspektrum der Wörter. Ich will hier nicht das Problem erörtern, ob es ein Denken ohne Sprache gibt. Daraus würde leicht eine umfangreiche Abhandlung entstehen. Manche tiefsinnig wirkende Fragestellung, so argwöhnt schon Nietzsche, sei vielleicht nur ein Sprachproblem. Vielleicht, sicher ist es keineswegs.

In höheren Bewusstseinszuständen wird der Ich-Fokus überschritten, was nicht heißt, wie man leichtfertig denken könnte, dass das Ich nun komplett verschwunden sei. Gerade in der Transzendierung seiner selbst bleibt es erhalten; sonst könnten derartige Zustände auch gar nicht erinnert werden. Ich habe viele Bewusstseinszustände erlebt und durchlebt, in denen mein erscheinungsgebundenes Ich überschritten wurde zugunsten eines höheren Ichs (= ICHs), das plötzlich die Regie übernahm. Und dies geschah in den verschiedensten Zusammenhängen und Atmosphären, gelegentlich in solcher Wucht, dass es die Integrationskraft des (kleinen) Ichs in Bedrängnis brachte, die ja für die Grundorientierung in der Erscheinungs- und Sinnenwelt unerlässlich ist. Einige meiner ich-überschreitenden Erlebnisse habe ich in der „Anderswelt" dargestellt und philosophisch zu reflektieren versucht, wobei ich mich fast genötigt sah, hier in Teilen sprachlich und gedanklich Neuland zu betreten. Bekanntlich gibt es auch ich-unterschreitende Erfahrungen. Dass diese häufig mit den ich-überschreitenden verwechselt werden, hat Ken Wilber unter die Rubrik „Prä-Trans-

Verwechslung" gebracht und sehr klug und detailliert untersucht, obwohl es ihm meines Erachtens nicht gelungen ist, dieses zentral wichtige Thema bewusstseinsphänomenologisch und philosophisch wirklich zu erhellen. Ich gebe zu, dass das schwierig ist. Erstmalig habe ich mich in meinem Buch „Klang und Verwandlung" Ende der 1980er Jahre damit befasst (Neuausgabe im Drachen Verlag 2010), und zwar am Beispiel der Musik. Philosophisch ausdifferenziert habe ich das Thema nicht, obwohl ich einige Fingerzeige gegeben habe, die mir geeignet erschienen, zur Orientierung beizutragen. Jeder, der ins Andersweltliche hineinreichende Bewusstseinszustände erlebt hat (wie auch immer induziert), kennt den Überwältigungscharakter dieser Erfahrungen, der es nahezu unmöglich macht, Prä und Trans trennscharf zu unterscheiden. Wenn das mentale Fenster verlassen wird, und mit ihm auch die vertraute Ich-Navigation in der Welt der Erscheinungen, kommt auch eine Koordinatenverschiebung ins Spiel, und zuweilen werden die Grenzen in beide Richtungen durchlässig, „nach oben" und „nach unten". Gleichwohl gibt es bestimmte Kriterien, die hier ein Mindestmaß an Orientierung ermöglichen.

Eine Debatte über diese Kriterien (dies kann ich nach jahrzehntelanger Erfahrung nüchtern feststellen) ist weitgehend sinnlos und unfruchtbar, weil fast ausnahmslos weltanschauliche und ideologische Faktoren hineinwirken, bewusst oder unbewusst, die biografisch, psychologisch und moralisch aufgeladen sind. Es gibt dann immer einen Punkt im Gesprächsverlauf, wo ein Granitfelsen von Überzeugung und Unverrückbarkeit ins Bild tritt, der das Pingpongspiel der Argumente zum Stillstand bringt. Deswegen sind „Weltanschauungsdiskussionen" so müßig und elendig, was ich aber nicht so verstanden wissen will, als sei es nun grundsätzlich vergeblich, Argumente vorzutragen.

Die Vernunft ist begrenzt (der Verstand ohnehin, dazu muss man nicht Kant gelesen haben); gleichwohl ist sie ein hohes Gut, auch und gerade dann, wenn es um die Frage der anderen und höheren/tieferen Bewusstseinszustände geht. Wenn ich nicht dieser Auffassung wäre, hätte ich ein Buch wie „Die Anderswelt" nicht geschrieben und auch schreiben können.

In der reflektierenden Wertung anderer Bewusstseinszustände sind für mich essenziell: das ICH, das das (kleine) Ich überschreitet, aber enthält und bewahrt (!); die Integration in die Lebenspraxis (jenseits von Kick und Trip); die jeweils errungene Erkenntnis, auch in ihrer sprachlichen Vermittelbarkeit; die gelebte Verbindung der Bewusstseinsebenen, die heute ein waches Menschsein fundieren (also ohne pathologische Verzerrungen); sowie die Weite der planetaren, ja kosmischen Ausrichtung (jenseits verblasener Slogans und Postulate).

Ist das „zu hoch angesetzt"? Das glaube ich nicht, obwohl ich freilich weiß, dass die Lebensrealität des überwiegenden Teils der Erdbewohner von ganz anderen und näherliegenden Erfordernissen und Bedürfnissen bestimmt wird. Dennoch sehe ich keine Veranlassung, meine philosophische, spirituelle und lebenspraktische – ja, auch diese! – Grundorientierung auf das hohe Menschenbild des kosmischen Anthropos aufzugeben. Ich kann es auch gar nicht, ohne mich selbst zu verraten. Kann der Geist sich selbst erkennen? Wenn damit gemeint ist, dass der Geist in der Lage sein sollte, sich gewissermaßen selbst auf für ihn selbst nachvollziehbare Weise auf den Grund zu kommen, also zu begreifen, wie er ursächlich entstanden und geworden ist, muss man wohl klar sagen: Das ist unmöglich.

Die höhere Bewusstseinsebene kann die Ebenen und Stufen, die ihr vorausgingen und die sie ermöglicht haben, bis zu einem gewissen Grad erkennen, was aber nicht heißt, hinter das Bewusstsein bzw. den Geist an sich zurückzugehen, was nur von einer Metaebene aus möglich wäre, die selbst wiederum Geist und Bewusstsein enthalten müsste. Man könnte mit Aurobindo vom Supramentalen sprechen. Aber damit gerät man schon in sprachliche und auch weltanschauliche Grenzbereiche hinein, die stets Gefahr laufen, in die erwähnte „scholastische Begriffsklöppelei" zu verfallen, besonders dann, wenn der sichere Grund lebendiger Erfahrungen verlassen wird und das spirituelle Meinen und Mutmaßen und Raunen beginnt, ohne dass ich dieses rundweg abwerten möchte. Auch die vergrübelte Bildersprache der Mystik Jakob Böhmes, beispielsweise, kann erkenntniserhellende Wirkungen auslösen. Man denke nur an Böhmes wunderbare Wortschöpfung „Ungrund".

Ich glaube, dass Selbsterkenntnis durchaus möglich ist, und zwar über die Erinnerung bzw. die Anamnesis. Wir können, ja wir sollten uns an uns selbst (UNS SELBST) erinnern, und das schließt die Arche (den Ursprung) und das Telos (das Ziel) ein. Tiefe Selbsterkenntnis, ja wohl Erkenntnis überhaupt, ist stets arche-teleologisch. Gleichwohl hat die Selbsterkenntnis eine Grenze, und diese ist das Bewusstsein selbst, auch das Ich-Bewusstsein, das den Menschen konstituiert.

Der letzte Grund des eigenen So-Seins ist nicht erkenntnismäßig erreichbar. Aber es gibt viele Stufen „davor" oder „darunter", die sehr wohl zu erhellen sind, und dies schließt karmische und kosmische Kausalfaktoren ein.

Bewusstsein evolviert. Es gibt Stufen und Ebenen der Bewusstseinsentwicklung, die zunächst einmal Potenziale darstellen, die ihrerseits eingebettet sind in kosmische Konstellationen. Diesen letzten Punkt betone ich, um jenen doch öden Stufen- oder Ebenen-Schematismus mit Blick auf die Bewusstseinsevolution zu vermeiden, der in den einschlägigen Szenen zunehmend Platz greift. In einem rundum lebendigen und bewusstseinserfüllten Universum vollzieht sich jede Entwicklung in einer ganz spezifischen Konstellation, an der bestimmte Gestirne und ihre Bewohner teilhaben, die jeweils ihre Impulse hier hineingeben. Das gilt auch für nichtverkörperte Wesenheiten auf den verschiedensten Ebenen der Bewusstheit. Bezogen auf die Erde lässt sich ohne Übertreibung sagen: Alles, was sich auf unserem Heimatplaneten abspielt, hat sehr reale Auswirkungen auf das Sonnensystem und die weitere kosmische Umwelt. Ich wiederhole es: Auch der Sirius ist, seelisch-geistig gesehen, „Nachbars Garten", egal, wie viele Lichtjahre die irdischen Astronomen hier ansetzen. Und umgekehrt wirkt das, was dort geschieht, auf die Erde ein. Es gibt keine Isolation, so wenig wie es die Möglichkeit gibt, sich geistig-kosmisch zu verstecken oder abzutauchen. Um sich quasi unsichtbar zu machen, haben die Erdlinge die nähere und weitere kosmische Umgebung zur toten Zone erklärt. Dass sie geistig-kosmisch auf offener Bühne agieren, wissen sie nicht, obwohl ich überzeugt davon bin, dass viele genau dies ahnen.

Bewusstseinsentwicklung ist stets auch Bewusstseinsringen, wie jeder Mensch aus seiner eigenen Erfahrung sehr genau weiß. (Der oben angesprochene Jakob Böhme gehört zu den Denkern, die dies unmissverständlich zum Ausdruck gebracht haben.) Die Frage der vom Einzelmenschen zu erbringenden Leistung oder Gegenleistung wurde schon angesprochen. Der Gedanke des Bundes (zwischen Mensch und Gottheit) wurzelt hierin. Zur Bewusstseinsevolution gehört die entsprechende Abwärtsbewegung, also die Bewusstseinsinvolution, die sich auch als Regression bezeichnen ließe. So gibt es eine Stufenbewegung „nach unten", die irgendwann in die individuelle und kollektive Selbstvernichtung einmündet. In diesem Spannungsfeld stehen wir.

Der Mensch steht grundsätzlich und als er selbst in der kosmischen Verantwortung. Du stehst in der kosmischen Verantwortung. Du stehst im Bewusstseinsringen, auch wenn du alle Fragen und Herausforderungen, die hiermit verbunden sind, ablehnst oder für „alltagsuntauglich" hältst. Es hilft nichts. Auch dadurch gewinnst du keinen karmisch neutralen Boden, und in der Tiefe weißt du das auch – spätestens in Todesnähe. Du entgehst dir nicht ...

Meditation ist eine Art Umkehrbewegung nach innen, die häufig (nicht immer) Stille und Stillstand im Außen bedeutet, ein radikales Sich-Herausziehen aus allen äußeren Zugriffen. Tiefe Meditation in meinem Verständnis ist Er-Innerung und damit ein anamnetischer Vorgang, bei dem auch Rituale ihren Platz haben, wenn sie disziplinieren und einen Schutzraum bereitstellen, weniger dann, wenn sie einengende Leitbahnen enthalten. (In meinem Buch „Klang und Verwandlung" gebe ich Hinweise für die meditative Erschließung der sogenannten klassischen Musik des Abendlandes.)

Methodenstrenge in der meditativen Praxis, etwa im Zazen, ist einerseits hilfreich und bewusstseinssteigernd, andererseits aber auch einschränkend und verkrampfend, jedenfalls für den sogenannten Westmenschen, der innerlich pausenlos redet und in der Imagination zeitlich voraus- und zurückspringt.

Und vom Denken zum Dösen ist es oft nur ein winziger Schritt. In einer langen und intensiven Zen-Meditation im Freien habe ich einmal die seltsame Erfahrung gemacht, vollständig zu verschwinden. Ich saß unter einem Baum, und der laue Wind wehte durch mich hindurch, und ich bot ihm kein Hindernis.

Wo war ich in dieser vergleichsweise kurzen Phase? Ich habe es mir stets verwehrt, dieses Erlebnis mit den bekannten Formeln und Begriffen, die hier gern verwendet werden, zu interpretieren. Ich habe es so stehengelassen, bis heute. Es gibt viele merkwürdige Bewusstseinszustände in der Meditation; dies war einer, und ich habe ihn nicht vergessen. Ob er „wünschenswert" ist, weiß ich nicht. Ich habe da eher Zweifel. Seltsam jedenfalls war es, sehr seltsam, zumal ich hellwach war und präsent, „prall gegenwärtig" auch. Ich war zugleich anwesend und abwesend. Eine andersweltliche Wahrnehmung oder Annäherung gab es eigentlich nicht. Ich war wie ausgegossen in den mich umgebenden und durchdringenden Raum und in gleichem Atemzug ganz fokussiert. Eine ganz andersartige und doch irgendwie vergleichbare Erfahrung hatte ich im August 1998 während der Arbeit an meinen „Impulsen für eine andere Naturwissenschaft". Ich steckte im sechsten Kapitel („Was also ist die Schwere?") und befand mich an jenem Morgen, von dem ich berichten will, kurz vor jenem Abschnitt, der dann mit einer Zen-Geschichte eingeleitet wird (S. 120 ff. in der Neuausgabe im Drachen Verlag). Dass ich diese hereinnahm in den Text, einschließlich einer Art Koan-Interpretation, geht auf die Zen-Erfahrung dieses Tages zurück. Ich saß an meinem Schreibtisch, es war ungefähr zehn Uhr, als die Dinge vor mir und um mich herum, ohne sich im geringsten in ihrem Erscheinungsbild zu ändern, in bis dahin unvorstellbarer Weise an Intensität und Seinsdichte gewannen und zugleich die Helligkeit, die auf ihnen lag und von ihnen ausging, mit Macht zunahm. Alles wurde immer heller und immer klarer. Ich erreichte schließlich einen Zustand kaum noch steigerbarer Gegenwärtigkeit, der etwas Beglückendes und, mit Hölderlin zu reden, „Heilig-Nüchternes" hatte. Damals notierte ich unter anderem das Folgende:

„Es ist spät und zugleich ganz früh. Alles ist längst gestorben und doch frisch und neu und hell. Der Ring der Zeit schließt sich. Das Unbegreifliche, stets Erahnte, kaum noch Erhoffte geschieht. Es geschieht einfach; eines Tages geschieht es. Eines Tages erreicht das Musikdrama seine Peripetie, die zugleich eine Theophanie ist. Dann erscheint der Gott, und die Friedensfeier kann gefeiert werden. Einmal wird es soweit sein. Einmal. Und für dieses eine Mal leben wir und kämpfen wir und sterben wir. [...] Zu lang währt das Ganze. Zuviel Leid, wirklich zuviel Leid und Schmerz. War das nötig? War das wirklich nötig? Gab es denn niemals eine echte Option? Herrschte stets und ungebrochen die eiserne Ananke (= Notwendigkeit)? [...]"

So löste jene „kurze, völlig luzide und gleißend helle, von Verstehen und Einsicht getragene Phase" (wie es an anderer Stelle des damaligen Notats heißt) eine Art Vorauserinnerung (= Anamnesis der Zukunft) in mir aus. Der helle, dem Satori ähnliche Moment rief in mir nicht nur das vorübergehend sehr starke Verlangen wach, das Buchmanuskript abzubrechen und mit dem Schreiben dieser Art von Texten überhaupt aufzuhören, sondern gleichzeitig jene Erinnerung an eine höhere Zukunft, die der Hölderlin'schen „Friedensfeier" entspricht. Die Helle des Jetzt stand ganz in der Helle der Zukunft. Beides schien sich zu berühren, ja floss rätselhaft ineinander, ging auseinander hervor ...

Ich schrieb dann doch weiter, machte überhaupt weiter, aber es war etwas geschehen. In dem betreffenden Abschnitt in dem Kosmologie-Buch („Räume, Dimensionen, Weltmodelle") mag ein Hauch meiner „Zen-Erfahrung" (oder wie soll ich sie sonst nennen?) spürbar sein. Festzuhalten oder zu verdinglichen ist da ohnehin nichts. Meditation ist ein unerschöpfbarer Gegenstand. Was zählt und erzählungswürdig ist (die sprachliche Ähnlichkeit verweist hier auf einen Zusammenhang), ist allein die lebendige Erfahrung des je Einzelnen, nebst der auf sie bezogenen gedanklich-sprachlichen Deutung. Diese letztere ist unverzichtbar. Fehlt sie, fehlt die notwendige Ergänzung des meditativ Erfahrenen. Jedenfalls gilt dies, soweit es um Mitteilbarkeit geht bzw. diese angestrebt wird. Man kann natürlich bei all dem auch bei sich und für sich bleiben. Wozu irgend etwas nach außen tragen? Und es bleibt die alte, schwer zu beantwortende Frage: Schwächt die Mitteilung das Erlebte, oder steigert sie es? Es versteht sich, dass diese Alternative das komplexe Problem arg vereinfacht, das ja auch eines der Sprache ist. Wie man sich dreht und wendet, man landet immer wieder bei der Sprache, die auch eine dichterische oder mantrische sein kann. Doch wer beherrscht diese heute auf authentische Weise? Was hier „szenemäßig" meist geboten wird, ist überwiegend gedankliche Ungenauigkeit im Gewand schlechter Poesie.

Der tiefste Grund (Urgrund, „Ungrund") der Meditation ist stets Anamnesis, kosmische Erinnerung. Doch es gibt Annäherungen unterschiedlichen Grades, und jede Annäherung „zählt" (und wird gezählt, siehe das nächste Kapitel). Eines ist Meditation, die diesen Namen verdient, nie: Entspannung. Es bleibt rätselhaft, dass in einschlägigen „Meditationshandbüchern" so häufig von Entspannung gesprochen wird, als sei diese Sinn und Ziel der Meditation. Für den umfassend geforderten und neurotisch gestressten Zeitgenossen, sofern er in Sold und Brot des megatechnischen Pharaos steht, ist Entspannung, im Verbund mit „Entschleunigung" und Muße, gewiss therapeutisch sinnvoll (danach kann man umso effektiver die große Mühle mit vorantreiben), aber mit Meditation im genannten Sinn hat dies wenig zu tun. Meditation ist auch Konzentration, die Zusammenziehung (Kontraktion) der seelischen Energien ins Zentrum, in die Mitte des kosmischen Mandalas, wie dies Giordano Bruno sah, wobei der tiefste Punkt dieses Mandalas, das auch eine Kugel ist, also die nicht mehr steigerbare *Contractio*, in die radiale Verstrahlung aus dem Zentrum heraus, in die Weite des Alls mündet. Das tiefste Innen wird zum „Außen", das nicht wirklich ein Außen ist, eher das, was Rilke den „Weltinnenraum" nennt, der mit der Weltseele zusammenfällt. Diese Weite ist bewusstseinsmäßige Nähe, kein bloßes Immer-Weiter, das die Seele und den Geist betäubt und etwas Saugendes hat.

Ein Modewort in der spirituellen und therapeutischen Szene ist „Loslassen". Wenn Festhalten Krampf und gierige Anhaftung bedeutet, eine Art Festkrallen (was immer auch ein Festgekralltwerden ist), dann ist Loslassen unverzichtbar, als erster Schritt, dem dann die eigentlichen Schritte folgen müssen. Kontraktion ist nicht Krampf, wohl aber eine Bewusstseinsanstrengung von hoher Verbindlichkeit, die in letzter Konsequenz ins Geistig-Kosmische mündet bzw. dort ihren Ankergrund hat. Wir sind kosmische Wesen. Bewusstsein ohne die kosmische Verankerung und Ausrichtung, die Menschsein überhaupt ermöglicht, trägt nicht weit. Und mit „kosmisch", um das erneut zu unterstreichen, meine ich stets geistig-kosmisch, und dies in enger Verbindung mit einer Kosmologie der All-Lebendigkeit.

14 Götter – Zahlen – Ziffern

Zahlenordnungen und kosmische Wirklichkeit

Die herrschende Intellektualkultur ist eine rundum und nahezu hermetisch verzifferte Welt. Wir alle sind wie eingeschnürt von einem abstrakten Zahlensystem bzw. Ziffernsystem, dessen gespenstische Allgegenwart und Machtfülle sofort zusammenbrechen würde, entzögen wir ihm mehrheitlich unser lebendiges Blut, mit dem wir es unaufhörlich füttern. Und das tun wir. Mehrheitlich wollen wir es so, wie es ist und sich uns permanent darbietet, als gäbe es keine Alternativen.

Der megatechnische Pharao ist auch ein großer Mathematiker, ein Meister der abstrakten Zahlen, also der Ziffern, ein Zifferjongleur, der unseren Alltag eisern und sanft zugleich bestimmt (sanft, weil die Mehrheit der Menschen sich ihm freiwillig unterwirft – wer es nicht tut, wird eisern dazu gezwungen). Astronomen und Teilchenphysiker, die abstrakten Propheten des ganz Großen und ganz Kleinen, bombardieren unser Bewusstsein mit Megazahlen, mit Ziffern, deren Größenordnung jedes menschlich-irdische Maß sprengt. Dieses Bombardement hat etwas Lähmendes und Einlullendes und strahlt zugleich eine tückische und kalt glitzernde Faszination aus, die Unterwerfung erheischt. Megazahlen rufen oft eine dumpfe Bewunderung hervor; sie haben etwas Quasi-Göttliches an sich, gerade weil sie uns klein machen (wollen). Was ist die menschliche Lebenszeit angesichts dieser Dimensionen? Wer mit solchen Dimensionen operiert oder jongliert, wie es ja auch die Finanzjongleure tun und alle ihres Zeichens in „der digitalen Welt", wird zum Teilhaber dieses Quasi-Göttlichen, zum Hohepriester oder zumindest zum Tempeldiener, der die hehren Hallen von Schmutz und Staub freihalten soll.

„Zahlen töten", sagt Oswald Spengler, der Kulturphilosoph und Mathematiker, in seinem „Untergang des Abendlandes". Dass dies tatsächlich so ist, buchstäblich und metaphorisch (also physisch und „nur" seelisch), lässt sich kaum ernsthaft bestreiten. Man könnte vielleicht treffender sagen: „Ziffern töten." Zahlen werden im gemeinen Verständnis per se als abstrakte Größen aufgefasst. Alles ist irgendwie zählbar, Menschen, Planeten, Galaxien, Computer, Automobile, Geldautomaten etc. Und mit diesen Zählgrößen kann dann rechnend operiert werden, rauf und runter, kreuz und quer, „einfach so" oder in wissenschaftlicher, statistischer und machtförmig-technischer Hinsicht. Wo gezählt wird, sind immer noch die sogenannten natürlichen oder ganzen Zahlen im Spiel. In den höheren Rängen der mathematisch-technischen Zone wird dann dieser

Restbezug zur natürlichen Welt abgesprengt, und die sinnentleerten Zahlen = Ziffern mutieren in einem seltsam alchemistisch anmutenden Prozess nun vollends zu toten Funktionen, die ein unheimliches Scheinleben entfalten, das – in Bildern und Kurven umgesetzt – über die Bildschirme flimmert und den Rest von Menschengeist und Menschensinn in sich hineinsaugt.

Oswald Spengler setzt den mathematischen Zahlen, die er für starr und tot hält (obwohl er als Mathematiker von ihnen fasziniert ist), die chronologischen Zahlen entgegen, die das Lebendige repräsentieren und den Lebensprozess strukturieren und ordnen. Damit erhalten sie eine grundsätzlich andere Qualität und Bauart als die mathematischen Zahlen, sie sind aufgeladen mit Schicksalen, personalen und geschichtlichen, mit konkreten und mehr oder weniger bedeutungsvollen Geschehnissen, die Zusammenhang und Sinn stiften. Die Verbindung von Zeit und Zahl liegt allen hochkulturellen Zeitrechnungen zugrunde und erstreckt sich bis in die Feinstruktur der Tage und Stunden hinein. Die Sieben-Tage-Woche, der heute globale Gültigkeit zukommt und die sich auf die mythisch-kosmische Wertung der Siebenzahl im alten Orient, vor allem im Zweistromland, zurückführen lässt (um von tieferen Wurzeln jetzt abzusehen), hat allen Versuchen widerstanden, sie zu überwinden und durch eine andere, etwa eine Zehntageeinheit, zu ersetzen.

Warum ist das so? Ich kann mir dies nur dadurch erklären, dass die Siebenzahl tatsächlich eine archetypische und kosmisch fundierte Zeitgröße für das Gestirn Erde, möglicherweise auch darüber hinaus, darstellt bzw. eine Ordnungsqualität für schicksalshafte und auch organische Abläufe. Die Siebenzahl hat sich in ihrer kosmisch-chronologischen Prägekraft sogar als stärker erwiesen als der megatechnische Pharao, für den diese Zahl, neben wenigen anderen ganzen Zahlen kosmischer Herkunft, eine Gefährdung darstellt, weswegen er alles daran setzt, den siebenfarbigen Regenbogen zu zerbrechen.

Die technisch hochgerüsteten Erdlinge wirken schweißtreibend daran mit, bislang – noch – ohne den ganz durchschlagenden Erfolg, denn der Rest höheren Lebens in einigen von ihnen ist nur schwer komplett zu tilgen.

Eine Kultur- und Bewusstseinsgeschichte der Siebenzahl auf unserem Planeten ergäbe ein umfangreiches Werk. Auch die Musik müsste hier einbezogen werden (siehe „Klang und Verwandlung"). Das dur-moll-tonale System der großen abendländischen Musik enthält die Siebenzahl als einen Ordnungsfaktor, der auch das Ur- und Grundintervall der Oktave bestimmt. Genauer wohl müsste man von *dem* Ordnungsfaktor sprechen, denn die Fünf und die Zwölf (siehe den sogenannten Quintenzirkel) sind, aufs Ganze gesehen, der Sieben untergeordnet, so sehr sie auch ihrerseits strukturbestimmend wirken.

Menschen sind häufig interessiert daran, wie alt jemand ist. Naturgemäß hat dies verschiedene Gründe, die ich hier nicht im einzelnen auflisten will. Aber ein Grund dürfte stets mitschwingen, und auch hier, wie so oft, ist die Sprache erhellend. „Ich bin 50!“ Wer so spricht, wie es uns geläufig ist, ordnet sich selbst ein geradezu seinsbestimmendes Etikett zu, eben, um im Beispiel zu bleiben, die Zahl 50. Dieses Etikett trägt er nicht lange, bald (schneller, als ihm lieb ist) ist er (oder sie) 51. Warum seinsbestimmend, wenn das Zahlenetikett von so kurzer Dauer ist? Weil es immer auch eine höhere Aussagekraft hat oder zumindest das Potenzial dafür mit dieser spezifischen Zahl der Lebensjahre gegeben ist. Meist unbewusst oder auch halbbewusst ordnen wir dem jeweiligen Alter eines Menschen bestimmte Qualitäten zu, die auch phasentypischen Charakter haben können. „Er ist schon 50, führt sich aber (peinlicherweise) auf wie 25.“ Gerade in unserer in weiten Teilen neurotisierten und denaturierten Epoche, die die entsprechenden Menschentypen hervorbringt (und umgekehrt), klafft oft eine Lücke zwischen dem faktisch gegebenen Lebensalter, dem eine bestimmte Stufe der Bewusstseinsentwicklung zugeordnet wird (um jetzt das Wort „Reife“ zu vermeiden), und dem seelischen und geistigen Zuschnitt oder Habitus des Betreffenden. (Damit will ich auf die berühmte Infantilisierung unserer Gesellschaft hinweisen, es aber mit diesem Hinweis bewenden lassen.)

Freilich spielen bei der Frage nach dem Alter („Wie alt sind Sie eigentlich?“ oder „Wie alt ist Ihre Tochter jetzt?“) auch zahlensymbolische Komponenten hinein, die mit den im vordergründigen Sinn psychologischen und biografischen eine symbiotische Verbindung eingehen. Diese Verbindung wiederum hat auch mit der wirklichen oder unterstellten Signifikanz des Geburtsdatums zu tun, auch im Kontext prägender historischer Ereignisse. Nur den wenigsten ist ihr Geburtsdatum völlig einerlei. Und auch von hartleibigen *Skeptics* und Rationalisten wird nicht selten, ob nun augenzwinkernd oder nicht, die Astrologie ins Spiel gebracht. Außerdem: Bekanntlich waren und sind auch Mathematiker und Physiker mitunter Zahlenmystiker, und dies in erster Linie bezogen auf bestimmte, vergleichsweise niedrige ganze oder natürliche Zahlen, denen damit eine geradezu numinose Seinsqualität zugesprochen wird. Man denke etwa an Wolfgang Paulis geradezu manische Fixierung auf die Zahl 137 (die Feinstrukturkonstante beträgt 1/137), die auch die Zahl auf der Tür seines Sterbezimmers war, wie man weiß. (In der 137 steckt die Dreizehn = sieben plus sechs, und die Sieben.)

Marie-Louise von Franz schreibt in ihrem kenntnisreichen Buch „Zahl und Zeit“ von 1970: „Deshalb müssen wir, vom psychologischen Standpunkt betrachtet, der Zahl zugestehen, dass sie ein archetypischer Inhalt sei, denn letzteren kommt bekanntlich die Fähigkeit zu, unseren Verstand zu ‚notwendigen‘ amplifizierenden Aussagen zu veranlassen. Die Zahlen der ersten Dekade und auch noch weiter sind in bezug auf oben erwähnte Strukturqualitäten ausgesprochene Individuen. In neuerer Zeit haben auch verschiedene Mathematiker, z. B. Henri Poincaré, Hermann Weyl, Philip J. Davis und andere, wieder hervorgehoben, dass die natürlichen Zahlen ‚Persönlichkeit‘ und einen ‚individuellen Charakter' besitzen, also keineswegs nur, wie z. B. Gottlob Frege und Bertrand Russell betonten, abstrakte Mengen oder Ordnungen sind."[31]

Die Sieben, die Dreizehn, die 28 und die 42 – um jetzt nur diese vier Zahlen zu nennen – sind ganz offenbar ausgeprägte „Persönlichkeiten" (und dies nicht nur symbolisch). In der 28, einer jener seltenen Zahlen, die mit der Summe ihrer Teiler identisch sind (1 + 2 + 4 + 7 + 14 = 28), bündelt sich auch die Sieben: 1 + 2 + 3 + 4 + 5 + 6 + 7 = 28. Außerdem ist 28 das Ergebnis der Multiplikation von vier und sieben. Die archetypische Ordnungspotenz der Vier lässt sich vielfältig belegen. „Vier Große gibt es im Weltraum", heißt es im 25. Abschnitt des Daodejing. (Zur Vierheit in der Musik siehe „Klang und Verwandlung", Neuausgabe, S. 137 ff.)

Die enge Verbindung der Zahl 28 mit der Zeit bzw. einer bestimmten Zeitqualität manifestiert sich auf vielfältige Weise, und stets ist zugleich die Siebenzahl involviert, die Zeit-Grundzahl für die Erde. In spirituellen Überlieferungen wird dem Lebensalter von 28 Jahren häufig ein Todeserlebnis zugeordnet (ein grundstürzendes Widerfahrnis im Sinn des „Stirb und werde!"). Auch die Verdoppelung der 28, die einer Oktavierung entspricht (einer solchen „nach oben"), kann diesen Charakter haben. Mit 56 kann sich ein zweites Widerfahrnis der genannten Art einstellen, wobei es hier stets um Potenziale geht, um Möglichkeiten, niemals um einen wie immer gearteten Automatismus. Und immer kann auch alles „ganz anders" sein. In meiner eigenen Biografie waren die 28 und die 56 (als Lebensalter in Jahren) überwältigend klar herausgehoben, auf nachgerade klassische Weise sozusagen. Jenseits der vierzig glaubte ich für einige Zeit, ich würde einige Wochen nach meinem 56. Geburtstag sterben. Ich wurde schon mit 39 so massiv und unausweichlich auf ein bestimmtes Datum nach meinem 56. Geburtstag hingewiesen, dass ich gar nicht anders konnte, als mich schon im vorhinein darauf seelisch auszurichten und dieses Datum ins innere Kalkül, in die Lebensplanung hineinzunehmen. Da ich mit 28 das einschneidendste „Stirb-und-werde"-Erlebnis meiner bisherigen Biografie hatte, das bis heute nachwirkt, hatte ich allen Anlass, auch die Oktavierungsgröße der 28, also die 56, als Lebensalter schon lange vorher mit größter Aufmerksamkeit in den Blick zu nehmen, und dies auch ohne den erwähnten starken Impuls im Alter von 39 Jahren. Es konnte nicht ausbleiben, dass sich im Vorfeld des „prophezeiten Datums" nach meinem 56. Geburtstag eine gewisse Verkrampfung bei mir zeigte, obwohl ich schon nicht mehr an meinen physischen Tod dachte, sondern eher an eine kosmische, eine „Weltwende"-Erfahrung. Mein 28. Geburtstag war übrigens „punktgenau" herausgehoben, obwohl das „Stirb-und-werde"-Erlebnis erst danach lag. Aber es war schon anwesend und: „mitwesend".

Zu Ervin Laszlos Buch „Weltwende 2012" hat José Argüelles (der Autor des „Maya-Faktors" von 1987) ein Nachwort geschrieben, und hier findet sich folgende Passage: „Wenn wir ergründen wollen, welche Bedeutung das Datum 2012 hat, müssen wir noch andere Faktoren in Betracht ziehen. Ein Aspekt hat mit der Wahrnehmung von Zeit zu tun. Nach der Weltanschauung der Maya ist Zeit ein universaler Faktor der Synchronisation. Wenn es zu der Frequenzerhöhung kommt, werden die alten Kalender durch einen neuen abgelöst, der auf der harmonischen Grundregel von dreizehn Monden mit jeweils achtundzwanzig Tagen basiert. Dann wird offenkundig, dass das Universum eine sich immer weiter entwickelnde Harmonie ist [...]“[32]

Damit wird der 28 eine kosmisch-eschatologische Funktion zugeordnet; in der neuen Ära nach 2012, bedingt durch eine offenbar galaktisch induzierte „Synchronisation“ der irdischen Zeitrechnungen, die mit der vorausgesetzten „Frequenzerhöhung“ verknüpft ist, tritt die 28 im Verbund mit der Dreizehn in der Kalenderordnung in Erscheinung. Argüelles geht von dreizehn „Monden“ = Monaten zu je 28 Tagen aus; das wären 364 Tage für den gesamten Jahreslauf. Ein Tag bliebe ausgespart, der sozusagen nicht mitgezählt wird, von der Regelung der Schaltjahre jetzt abgesehen. Wir hätten dann 13 × 28 = 364 Tage zuzüglich eines Tages, dem dann eine besondere Rolle zukäme.

Oben habe ich die ungebrochene Gültigkeit der Sieben-Tage-Woche durch die Zeiten hinweg herausgestellt. Man könnte vermuten, dass es hier irgendwann eine Synchronisation gegeben hat (um den Begriff von Argüelles zu verwenden), die dann auch standhielt und allen Angriffen trotzte. Vielleicht gehört der kosmisch synchronisierte Kalender von 13 × 28 = 364 Tagen, der den jetzt gültigen ersetzen soll, zu jener viel älteren Sieben-Tage-Synchronisation, als deren Ergänzung und Komplettierung gewissermaßen. Damit sind natürlich Prämissen gesetzt, die sich nur schwer im üblichen Verständnis beweisen lassen.

Der 364-Tage-Endzeitkalender ist mir seit Jahrzehnten vertraut, und dies ganz unabhängig von dem Maya-Kalender. Durch Helmut Krause war ich darauf aufmerksam gemacht worden. So war ich erstaunt, als ich jetzt die zitierte Stelle bei Jose Argüelles las, zumal ich dessen Buch „Der Maya-Faktor“ nicht kannte.

Dreizehn ist die Summe von sechs und sieben. Die Negativwertung der Dreizehn im Aberglauben hat möglicherweise darin seine Wurzel, dass die Erdlinge diese kosmisch verankerte Zahl als Bedrohung ihres Wahns empfinden (ohne dass sie ein Bewusstsein dafür hätten), dass viele die angedeutete Synchronisation fürchten, weil sie mit noch tiefergehenden Einschüben zusammenwirkt oder zusammenwirken müsste, wenn man denn überhaupt geneigt und gewillt ist, sich auf diesem heiklen Terrain zu bewegen.

Bei der Zahl 42 (= sechs mal sieben) denken viele sofort an die berühmte Antwort des Supercomputers „Deep Thought“ aus dem Science-Fiction-Roman „Per Anhalter durch die Galaxis“ von Douglas Adams, die er auf die Frage „nach dem Leben, dem Universum und allem“ gibt. Der Computer rechnet 7,5 Millionen Jahre und präsentiert dann die Antwort, mit der niemand etwas anfangen kann, nämlich die Zahl 42, wobei hier noch eine Pointe ins Spiel kommt (ich zitiere aus dem entsprechenden Wikipedia-Artikel): „Der Computer weist darauf hin, dass die Frage niemals präzise gestellt wurde (‚I think the problem, to be quite honest with you, is that you've never actually known what the question is.'). Er schlägt ihnen deshalb vor, einen noch größeren, von ihm erdachten Computer zu bauen, der fähig ist, die Frage zur Antwort zu finden. Dieser Computer wird dann auch gebaut und dessen Programm zur Suche der Frage auf die Antwort gestartet. Wie sich im Romanverlauf herausstellt, ist dies der Planet Erde, der seine Aufgabe aber nicht vollenden kann, weil er fünf Minuten vor Ablauf des Programms im Rahmen des Verkehrsprojekts einer Hyperraumumgehungsstraße von den Vogonen gesprengt wird."

Natürlich ist das Ganze absurd und überdies infiziert mit dem Explosions- und Zerstörungsvirus, der auch die physikalische Kosmologie der Erdbewohner durchsetzt, zugleich aber auch auf eine bizarre und verrückte Weise interessant, gerade wegen der unbewusst mitwirkenden Faktoren. Hier möchte ich zunächst daran erinnern, dass die Zahl 42 in den zwei wohl berühmtesten Totenbüchern der Erdenmenschheit eine zentrale Rolle spielt; im Bardo Thödol, dem sogenannten tibetischen Totenbuch, und im Totenbuch der Ägypter. In letzterem werden 42 Totenrichter angeführt, vor denen sich der Verstorbene zu verantworten hat, und deren Namen er (vollständig!) kennen muss. Und im Bardo Thödol begegnen dem Menschen vom vierten bis zum elften Tag nach seinem Tod in einer großen Vision und nacheinander die 42 friedvollen Gottheiten des Bardo (des Zwischenzustands), die aus der Strahlung der Buddhas und des Dharmakaya heraus emanieren.

Die Zahl 42 könnte (neben anderem) auch die Antwort auf die Frage nach dem Tod sein, und damit meine ich nicht nur den physischen Tod oder ein todähnliches Erleben, sondern den sozusagen höheren Tod, der Herkunft und Zukunft unserer selbst umschließt (um mich jetzt sibyllinisch auszudrücken). Hier verweise ich auf den Abschnitt über den „Absturz der Götter" in meinem Erde-Buch („Was die Erde will", Neuausgabe, S. 137 ff.) und auf die Abschnitte „Vom Ich im kosmischen Werden" und „Anamnesis oder: Wie alt ist der Mensch?" in der „Erlösung der Natur" (S. 91 ff.). Helmut Krause verbindet die Zahl 42 mit dem Sirius.[33] Mehr will ich an dieser Stelle dazu nicht sagen.

Die Zahl 42 beschäftigt mich seit vielen Jahren und wird es auch weiterhin tun. Ich halte sie für eine der großen Schicksalszahlen, der niemand auf unserem Planeten und wohl in Teilen der kosmischen Umwelt (die rundum belebt und bewusstseinserfüllt ist) auf Dauer wird ausweichen können. Dass die Zahl 42 in Adams' Roman so viele Kommentare, Spekulationen und weiterführende Phantasien ausgelöst hat (ich selbst habe erst vor wenigen Jahren von dem Werk erfahren), wird mit dieser kosmisch-archetypischen Verankerung der 42 zusammenhängen, die möglicherweise auch Douglas Adams im Unbewussten dazu brachte, dieser Zahl einen so prominenten Platz in seinem Werk einzuräumen. (Er selbst, auf die 42 angesprochen, sah es eher als Scherz.)

Am Rande sei erwähnt, dass offenbar die 42 auch in der Struktur der Primzahlen eine Rolle spielt; jedenfalls gehen die Überlegungen einiger Mathematiker in diese Richtung, wie ich dem Buch „Die Musik der Primzahlen" vom Marcus du Sautoy entnehme.[34]

Auf die Entwicklung der letzten zweieinhalbtausend Jahre bezogen, vor allem im hochkulturellen Kontext, lassen sich klar zwei Grundstränge im Umgang mit den Zahlen erkennen, wobei es immer wieder Überschneidungen und Durchdringungen gab. Dem schwer durchschaubaren Pythagoras kommt hier allem Anschein nach eine Schlüsselrolle zu (siehe „Klang und Verwandlung", Neuausgabe, S. 111 ff.). Basierend auf der Grundannahme, dass Zahlen konstituierende Weltprinzipien darstellen, ohne deren Kenntnis und Erkenntnis folglich auch keine Welterkenntnis möglich sei, bildete sich eine primär an den Quantitäten orientierte Strömung heraus, innerhalb derer Zahlen, wenn nicht ausschließlich, so doch überwiegend als abstrakte Größen und Ordnungsprinzipien ins Bild traten; diese Strömung näherte sich in der abstrakten Naturwissenschaft der letzten hundert Jahre ihrem Omegapunkt, flankiert von den Bemühungen der „reinen Mathematiker", die schon der Anwendung der Mathematik auf die physikalisch fassbare Natur distanziert und kritisch gegenüberstehen. Daneben existiert der eher qualitativ ausgerichtete Strang, der zwar die Quantitäten nicht leugnet (das ist auch schlechterdings kaum möglich), sie aber ein- und rückbindet an die Sphäre von Wert und Bedeutung, von Sinn und Schicksal.

Ernst Jünger schreibt hierzu in seinem großartigen Essay „Zahlen und Götter" von 1974 (ich habe mich bewusst an diesen Titel angelehnt): „So muss auch die Zahl als ‚das Wesen der Dinge' gesehen worden sein. Mit fortschreitender Abstraktion wurde sie dieses Glanzes beraubt [...] Ein Schimmer blieb in der Musik erhalten; er leuchtet in der Harmonie der sichtbaren Dinge von Kunst und Natur.

Die pythagoräische Zahl ist musisch und orphisch; sie entzieht sich der logischen und metrischen Anordnung. Sie ist nicht zu beziffern und sondert sich von der mathematischen Zahl insofern, als sie Werte anzeigt und nicht Größen, Mengen, Entfernungen. Das Orphische kann sich mit dem Mathematischen vereinen und mit ihm zusammenspielen wie Melos und Rhythmus im Gesang. [...] Die Fähigkeit, Werte und Mengen zu unterscheiden, trennt das musische vom technischen Ingenium, obwohl es sich im Sinne hoher Kultur mit ihm verknüpfen kann. [...]

Zugleich bereitet die Entnahme den Dingen, die zählbar werden, auch Verlust. Die Zählung, die ihre Bedeutung steigert, mindert ihren Sinn. Instinktiv ist das von jeher erfasst worden. Es gibt ein angeborenes Misstrauen gegen die Zählung [...] Die Zählung erleichtert mannigfaltige Ein- und Zugriffe, die auf die quantitative Erfassung des Einzelnen und seines Eigentums abzielen. Ihm wird ein Verlust zugefügt, der auf Kosten seiner Einzigartigkeit geht. Er wird in seinem unmittelbaren Verhältnis zum Universum angegangen und bedroht. […]

Bedenken erweckt schon der Umfang, in dem die Welt berechenbar geworden ist. Die Zahl als Ziffer ist den Göttern feindlich, und ihr Triumph bedeutet deren Sturz. […] Die Abdichtung gegen die ‚Erscheinung' und ihre Bilder ist bereits rein physikalisch zu begreifen: als die ununterbrochene Abstrahlung von Systemen, die mit der denaturierten oder im pythagoräischen Sinn entgöttlichten Zahl arbeiten. Sie lässt nur Funktionen, nicht aber Bilder, seien es Ideen oder Gestalten, durchdringen."[35]

Nun gilt manchen Pythagoras gerade als der Begründer der Mathematik als Wissenschaft, obwohl die Quellen ungenau und widersprüchlich sind, was sich besonders an der rätselhaften Gegenüberstellung von Mathematik und Akusmatik zeigt. Dahinter leuchtet umrisshaft der Gegensatz von zahlenmäßiger Abstraktion, also Wissenschaft im abendländischen Verständnis, und einer Zahlenmetaphysik, die den (ganzen) Zahlen eine geradezu göttliche Ordnungsfunktion im Kosmos zuschreibt (siehe hierzu „Klang und Verwandlung" und Helmut Krause, „Vom Regenbogen").

Damit ist auch die Frage der Wirklichkeit der Zahlen berührt, die in die Tiefe und Höhe der Welt hinab- und hinaufreicht und rein rational keine Beantwortung finden kann. In bezug auf ihre eigene Disziplin sind sich die Mathematiker nicht einig, ob sie die Zahlen im Sinn des späten Platon als Ideen, also als metaphysische Entitäten, betrachten und werten sollen oder als bloße Abstraktionen, abgezogen von den realen Dingen und aus ihnen ableitbar. (Das ist letztlich die Frage: Ist die Mathematik eine Geistes- oder eine Naturwissenschaft?)

Dass im Abstraktionismus der wissenschaftlich orientierten Mathematik gelegentlich auch oder noch Überbleibsel einer anderen und wertehaltigen Zahlenordnung hindurchscheinen, einer Art Zahlenmystik gar, wurde schon angesprochen. Generell gilt: Auch in dem halbwegs „aufgeklärten Zeitgenossen" glimmen noch schwache Reste einer lebendigen und schicksalhaften Zahlensymbolik, die sich häufig an bestimmten Daten festmacht. Da mutieren dann bekennende Skeptiker und Materialisten jäh zu Zahlenmystikern.

Ein „trächtiges" Datum in dieser Hinsicht war der 9. November 1989, der Tag des Mauerfalls. Die Ereignisse überstürzten und bündelten sich an diesem Tag auf eine völlig unvorhersagbare Weise, und vieles wirkt im nachhinein sowohl wirr, ja chaotisch, als auch seltsam folgerichtig und konsequent. Es geschah etwas, womit, buchstäblich, niemand „gerechnet" hatte. „Ausgerechnet" dieser Tag, der 9. November, der den 9. 11. 1918 (Ende des Ersten Weltkriegs, Revolution), den 9. 11. 1923 (Hitler-Putsch) und den 9. 11. 1938 (Reichspogromnacht) heraufbeschwor. Von einem „Schicksalstag der Deutschen" war dann in bezug auf den 9. November immer wieder die Rede. Mathias Bröckers witzelte in der „taz" von dem „Wink mit dem Zeitpfahl".

Solche „Winke mit dem Zeitpfahl“ sollte man ernstnehmen, und man kann dies jenseits allzu platter Numerologie. Diese letztere ist sehr verbreitet und hat insgesamt dem großen Thema einer kosmisch-schicksalhaften Zahlensymbolik und -ordnung enorm geschadet. Nur sollte uns das nicht hindern, hier einen wachen und kühlen Geist zu bewahren, der die bekannten Vereinseitigungen und Extreme vermeidet, die hier meist das Feld beherrschen. Einzig angemessen ist bei diesem Thema ein „mittlerer Weg“ (analog dem der buddhistischen Weisheitslehre), also ein solcher zwischen vulgärer und naiver Numerologie (= Zahlen-Aberglauben) und einem wissenschaftlich fundierten Rundum-Skeptizismus, der die in Frage stehenden Zahlenphänomene unter die beliebte Rubrizierung des „Zufalls“ bringt.

Alle existenziellen Großthemen, daran möchte ich erinnern, sind von Wirrköpfen, Scharlatanen, Sektierern und Eiferern aufgegriffen und auf ruinöse Weise beschädigt worden. Das ist die Grundgegebenheit im kollektiven Maßstab, über die man nicht lamentieren muss, die es aber nüchtern im Auge zu behalten gilt, um nicht immer wieder unliebsame Überraschungen zu erleben. Welche Botschaft du immer deinen Zeitgenossen übermitteln möchtest, du tust gut daran, zu bedenken, dass die Gefäße randvoll sind, in die du etwas hineingießen willst. Oder, in ein anderes Bild gefasst: Das Territorium, das du zur Besiedlung vorgesehen hast, ist längst bewohnt bis in den letzten Winkel hinein, längst kolonisiert und besetzt. Überall Antworten, ideologische zumeist und machtgestützte, gegen die du deine Antworten, wenn es denn andere und, wie du meinst, bessere und tiefere sind, in Stellung bringen musst. Und so fort.

Zum 9.11.1989 gehört auf rätselhafte Weise der 11.9.2001; zweimal „nine-eleven“, einmal europäisch und zum anderen amerikanisch (in der Sprech- und Zählweise des Datums). Beide Tage waren so etwas wie Menetekel, zugleich epochale Schnitte, die ein irreversibles Davor und Danach schufen und einen Anfang setzten, der auch ein radikales Ende war. Haben wir auch hier einen „Wink mit dem Zeitpfahl“? Ich habe darüber nachgedacht, aber bislang noch keine klare Antwort gefunden.

Irgendwann habe ich ausgerechnet, dass zwischen dem Beginn des ersten Golfkriegs am 17. Januar 1991 und dem 11. September 2001 3890 Tage liegen; das ist das Doppelte von 1945 Tagen. Bekanntlich begann das Bombardement Bagdads kurz nach Mitternacht Ortszeit. Nach mitteleuropäischer Zeit war es gleichfalls der 17.1.91, während in den USA in allen Zeitzonen noch der 16.1. gezählt wurde. Setzt man den 16.1.91 an, kommt man auf 3891 = zweimal 1945,5 Tage. Man wird sich erinnern, dass Saddam Hussein damals in den Medien häufig als zweiter Hitler vorgeführt wurde, dem nun „sein 1945“ bereitet werden müsste. Die Aufladung des ersten Golfkriegs mit apokalyptischen Bildern war enorm verbreitet und wurde über Wochen hinweg von den Medien genauso angeheizt wie der Saddam-Hitler-Vergleich. Die apokalyptischen Vorstellungen in Verbindung mit „nine-eleven“ waren denen in bezug auf den ersten Golfkrieg verblüffend ähnlich. Und den politischen, epochalen, ja in gewisser Weise kausalen Zusammenhang zwischen beiden Ereignissen brauche ich nicht eigens herauszustellen; er ist hinlänglich bekannt.

Die Verdoppelung ist musikalisch eine Oktavierung, wobei die Oktave der Ausgangs- und Grundton ist und auch wieder nicht; er ist der gleiche und ein anderer in einem, was zum unauslotbaren Mysterium der Oktave gehört. Nun erscheint die Zahl 1945 in dem genannten Abstand (bzw. 1945,5) und deutet, möglicherweise, auf die Jahreszahl 1945 in der christlichen Zeitrechnung (jüdisch 5705), vielleicht sogar über die Fünf nach dem Komma in der Zahl 1945,5 – auf den 8. 5. 1945, das Ende des Zweiten Weltkriegs in Mitteleuropa. Oder ist das abwegig, abstrus, eine Art numerologische Phantasmagorie? (1945 war, nebenbei bemerkt, auch das Jahr der Atombombe.) Ich will keine abschließende Antwort darauf geben; ich glaube auch, dass sie kaum möglich ist. So neige ich eher dazu, das Phänomen (fürs erste wenigstens) so stehenzulassen. Es könnte zumindest ein weiterer „Wink mit dem Zeitpfahl“ sein. Es gibt viele ähnliche Zahlenphänomene, manche so konturiert und direkt, dass es einem die Sprache verschlagen kann.

Daten sind gelegentlich eine Art Abgrund; in ihnen können sich Zusammenhänge und Bezüge auftun, die den rationalen Geist aus den Angeln heben. Manchmal haben sie geradezu Koan-Charakter, die einen unaufhörlich herausfordern, ja fast peinigen. Meist sind es Schlüsseldaten der eigenen Biografie. Und wenn man die bereits erwähnte Abhandlung Schopenhauers – „Transzendente Spekulation über die anscheinende Absichtlichkeit im Schicksale des Einzelnen“ – heranzieht, wird man häufig nicht umhinkönnen, ob nun buchstäblich oder eher als Hilfsmittel für die eigene Biografiearbeit, die Dinge genauso zu betrachten, ja diese „Absichtlichkeit“ für schlicht gegeben zu erachten. (Dabei muss man die Skepsis, ob es nicht doch nur eine „transzendente Spekulation“ ist, nicht grundsätzlich aufgeben; ja, sie kann sogar als Stimulans wirken, das den Blick schärft und die Messlatte mit Blick auf die Möglichkeit, „sich etwas vorzumachen“, hoch anlegt. Wie man weiß, ist der Mensch ein Meister der Selbstsuggestion, und dies auf den unterschiedlichsten Bewusstseinsniveaus.)

Die kosmische Zahlenordnung jenseits der handelsüblichen Mathematik und im Kontrast zu dieser wird von Helmut Krause als Akusmatik bezeichnet. Er greift damit einen antiken Begriff aus dem Umkreis der Pythagoräer auf, der heute seltsamerweise in ganz anderem Kontext wieder Verwendung findet, wie ich erst seit kurzem weiß. Ich hatte halb spielerisch das Wort Akusmatik bei Wikipedia aufgerufen und stieß hier auf eine Bedeutungsschicht, von der ich bislang nie etwas gehört hatte und die mit der Krause'schen Akusmatik rein gar nichts zu tun hat, ja geradezu deren Gegenpol darstellt. Für Krause ist Akusmatik die „Klangvermessung des Weltraums“, wie er umfassend und differenziert darstellt, und dies im Rahmen einer sehr lebendigen Kosmologie, der ich viel verdanke. Das Wort „Akusmatik“ gehört seit langem zu meinem philosophischen Grundwortschatz, und ich möchte es nicht missen.

Es nimmt für mich einen Rang ein wie Anamnesis. Akusmatik und Anamnesis gehören eng zusammen. Wenn es wirklich so etwas wie eine kosmische Weltordnung gibt, die sich in (ganzen) Zahlen und Klängen ausdrückt, die ihrerseits die Zeit, den Zeitablauf bestimmen (und es spricht sehr viel für diese Grundannahme), dann muss der einzelne „in seinem unmittelbaren Verhältnis zum Universum“ (siehe oben) auch darin verwoben und integriert sein, und jeder Akt der Anamnesis, der kosmischen (und karmischen) Erinnerung muss dann notwendig in der einen oder anderen Form auf die Ordnungsprinzipien der akusmatischen Zahlen stoßen, die die geburtenübergreifende Biografie prägen und fundieren. Der schöpferische Mensch auf dem Weg zum kosmischen Anthropos ist immer auch eine akusmatische und anamnetische Existenz. Wir leben nicht im Ungefähren, sondern in sehr konkreten und lebendigen Ordnungsformen, die alles Organische genauso prägen wie die höheren Kunstschöpfungen des Menschen, vor allem die große Musik in ihrer Klangfülle und Formenstrenge. Und diese Ordnung ist keine solche, die sich sozusagen von selbst herstellt (es gibt in diesem Sinn keine „Selbstorganisation“), sondern sie muss ständig neu errungen und bewusstseinsmäßig gestützt und gestärkt werden, wenn sie nicht ins Chaos, in die Formlosigkeit zurücksinken soll. Der Kosmos ist gebändigtes und zur Ordnung gezwungenes Chaos, das aber stets als involutives und regressives Potenzial in der Tiefe vorhanden ist, das eine Sogkraft entfalten kann, der insbesondere die abstrakten Naturwissenschaftler voll erlegen sind; sie werden sozusagen in die Tiefe oder den Schlund der Materie hineingesaugt. Ohne ihr mineralisiertes Bewusstsein und ihre „Todeswissenschaft“ (Chargaff) hätte der Sog aus der Tiefe und in die Tiefe keinen Ansatzpunkt.

Mit Erstaunen habe ich in dem erwähnten Wikipedia-Beitrag über den Begriff Akusmatik gelesen, dass es mittlerweile eine „akusmatische Musik“ gibt, die „als Kunstform eine Weiterentwicklung der Musique concrete darstellt“. Und: „Akusmatische Arbeitsweise ermöglicht es dem Komponisten, synthetische Klänge mit Klängen natürlichen Ursprungs nach seinen Vorstellungen zu kombinieren [...] Während die Vertreter der Musique concrete sich aus konzeptionellen Gründen darauf konzentrieren, Geräusche natürlichen Ursprungs neu zusammenzusetzen, begannen die Akusmatiker, synthetische und natürliche Geräusche/Klänge gleichberechtigt zu behandeln.“ Und so weiter.

Wie schon erwähnt: Das ist gerade der Gegenpol zu der Akusmatik als „Klangvermessung des Weltraums“, die ihr Äquivalent in der klassischen Musik des Westens hat. Wieder haben wir ein Beispiel für eine Grundtendenz in der herrschenden Intellektualkultur: die Adaption großer und bedeutungsschwerer

Worte (um jetzt nicht „Wörter" zu sagen) über das Medium ihrer Trivialisierung und Verflachung. Es soll und darf keine echte Tiefe mehr geben, weder „nach oben" noch „nach unten", dafür Flachland, soweit das Auge reicht.

Abschließend sei dem Pythagoräer Philolaos das Wort erteilt, der von den Zahlen spricht und im Kern die Akusmatik als kosmische Zahlenlehre meint, obwohl er den Begriff selbst nicht verwendet:

„Die Natur der Zahl ist erkenntnisspendend und führend und lehrend für jeden bei jedem Dinge, das ihm rätselhaft und unbekannt ist. Denn niemandem wäre irgend etwas von den Dingen deutlich, weder in ihrem Verhältnis zu sich selbst, noch das des einen zum andern, wenn es nicht die Zahl und ihr Wesen gäbe. [...] Man kann aber die Natur der Zahl und ihre Kraft nicht nur in der Welt der Götter wirksam sehen, sondern auch allenthalben in allen Werken und Reden der Menschen [...] und in der Musik. Die Natur der Zahl lässt keine Täuschung zu, ebensowenig die Harmonie. [...] Täuschung dringt unter keinen Umständen in die Zahl ein; denn Täuschung ist ihrer Natur feindlich und verhasst; die Wahrheit aber ist dem Geschlecht der Zahl eigen und angeboren."[36]

15 Schlussbetrachtung zum „kosmischen Band“

In seinem Essay „Zweierlei Trauer“ aus dem Sammelband „Ein zweites Leben“ von 1995 nennt Erwin Chargaff sieben „Strähnen oder Stränge“ in der von ihm konstatierten „weltweiten Wolke der Trauer“, die alles umhüllt und verdunkelt. Der sechste Punkt wird als „das Verschwinden der Zeugenschaft“ ausgewiesen. Dazu heißt es: „Ich glaube, dass es in allen früheren Zeiten Zeugen gegeben hat, zum Zeichen dessen, dass das Wissen, was Menschsein bedeute, noch fortlebt. Diese Zeugenschaft, gleichsam der Orgelpunkt im Menschenleben, ist verschwunden. Das heißt auch, dass es keine gültigen Vorbilder mehr gibt.“[37]

Es ist jetzt nicht wichtig, dass ich selbst das Wort „Vorbild“ in diesem Zusammenhang eher meiden würde. Was Chargaff über das „Verschwinden der Zeugenschaft“ schreibt, werden viele für übertrieben halten (wie so manches andere aus seiner Feder), was aber nichts daran ändert, dass er im Kern recht hat. Es ist heilsam, sich gerade hier nichts vorzumachen. Abmilderungen und Beschönigungen der „Lage“ gibt es reichlich. Erst wenn man, und sei es nur als Ahnung, begreift, was mit dem „Verschwinden der Zeugenschaft“ gemeint sein könnte, wird man sich (vielleicht) aufgefordert und herausgefordert fühlen, den Menschen zu rechtfertigen, und das kann wohl nur heißen: sich selbst in seinem eigenen Menschsein zu rechtfertigen. Jeder Einzelne ist notwendig der Repräsentant der Erdenmenschheit. Er legt etwas von sich in die große Waagschale, die das Gewicht der Menschheit auf dieser Erde bestimmt.

„Gewogen und zu leicht befunden.“ Das kann man auf die Erdbewohner als Ganze beziehen, wenn man die globale Lage nüchtern reflektiert. Zu schwer im Materiellen, bleischwer lastend auf Erde, Pflanze und Tier, und zu leicht im Geistigen im Sinn von: zu wenig Substanz und Essenz außerhalb des technisch-wissenschaftlichen Projekts und der Großideologien.

Man wird kaum einen Minimalkonsens darüber erzielen können, was denn nun die genannte „Substanz und Essenz“ des Menschseins, des „Orgelpunkts im Menschenleben“ ausmacht. Die meisten werden schon diese Begriffe für untauglich und abwegig halten, weil sie schlicht damit nichts anzufangen wissen. Oder sie sitzen so fest im Gehäuse einer der hier verbreiteten religiösen und quasireligiösen Großideologien, die ja ihren je eigenen „Orgelpunkt“ vertreten, dass ihnen die „Zeugenschaft“ im Sinn von Chargaff, und damit auch ihr Verschwinden, wie eine abstrakte Größe vorkommen muss, wie etwas Irreales oder „nur Theoretisches“ ohne praktische Relevanz.

Was ich seit vielen Jahren über den kosmischen Anthropos in immer neuen Annäherungen voranzutreiben versuche, ist das unausgesetzte Bemühen, das „gemeinte“ Menschsein zu verstehen und so nachdrücklich und differenziert, wie es mir möglich ist, in die Sprache zu bringen. Schon mit 19 Jahren war ich von dem Gedanken erfüllt, meine eigene Existenz aus der Tiefe heraus zu rechtfertigen. Daran hat sich bis heute nichts geändert. Über mich selbst wollte und will ich die menschliche Existenz überhaupt auf diesem seltsamen Gestirn rechtfertigen. Und dieser Rechtfertigung bedarf es. Mir war immer klar, dass ich mich nicht auf andere herausreden kann, dass kein Mensch dies im Grund kann, auch wenn es ständig versucht wird, ja fast eine Dauerbeschäftigung vieler Erdbewohner zu sein scheint. Dabei verkenne ich nicht die enormen Erschwernisse, die heute „weltweit“ zu verzeichnen sind. Vielerorts haben wir Verhältnisse, die den einzelnen – als nur Einzelnen – überfordern und ihm den freien Atem rauben und einen permanenten, oft demütigenden und würgenden Existenzkampf aufzwingen. Natürlich exkulpiert das den Menschen nicht rundum, und es gibt wohl immer einen humanen Rest, der die Verbindung zum „Gemeinten“ verbürgt und ermöglicht – und damit auch Entscheidungsfreiheit und Verantwortung.

Im Sinn des Chargaff-Worts strebe ich durchaus so etwas wie Zeugenschaft an. Vielleicht schreibe ich überhaupt nur deswegen. Dieses Büchlein jedenfalls (wie der Vierteiler, dem es als Ergänzung zugeordnet ist), fühlt sich der Zeugenschaft verpflichtet, als „Zeichen dessen, dass das Wissen, was Menschsein bedeutet, noch fortlebt“. Das mag etwas pathetisch klingen, aber so meine ich es nicht. Ich meine es eher nüchtern. Zu Pathos und Überschwang besteht kein Anlass.

Die essayistisch-musikalische und bewusst unsystematische, ja partiell sprunghafte Bauart der hier versammelten Beiträge zielt darauf ab, den Bewusstseinsbeton aufzubrechen, der überall aufgeschichtet ist. Das wird nur da und dort bei einzelnen gelingen, was mich nicht entmutigt oder zynisch macht (obwohl die Versuchung in dieser Richtung gelegentlich aufscheint), sondern im Gegenteil immer neu anspornt. Das gehört zur Zeugenschaft. Und Mehrheiten sind nicht angestrebt und nach Lage der Dinge auch unmöglich.

Das kosmische Band ist eine existenzielle Wirklichkeit, kein Postulat und keine Phantasmagorie. Es gibt die geistig-kosmische Verbindung (das Geistige im Kosmischen und das Kosmische im Geistigen), ohne die keine Kosmologie möglich ist, die diesen Namen verdient. Was den Menschen vorrangig interessiert, eine gewisse Befreiung von der ganzen Tragikomödie des Alltäglichen vorausgesetzt, ist doch nur dies: Was es mit ihm in dieser Welt auf sich habe, und das schließt die Frage nach dem Menschenbild und die nach dem Weltbild ein, auch wenn beide Begriffe, aus welchen Gründen auch immer, gemieden werden. Wie diese Welt, in der wir leben, beschaffen ist, ist wohl nur den wenigsten in Gänze gleichgültig. Menschenbild und Weltbild sind gar nicht voneinander zu trennen. (Dass ich selbst „Weltbild“ eher selten verwende, hat damit zu tun, dass ich es als ein vernutztes Wort empfinde, stärker vernutzt etwa als „Menschenbild“.)

Ich denke, dass es starke Indizien dafür gibt, dass wir tatsächlich in einem umfassend lebendigen und bewusstseinserfüllten Universum leben und dass das herrschende „Weltbild“ – also das der physikalischen Kosmologie – zu erheblichen Teilen auf falschen Prämissen aufbaut, die sich klar benennen lassen. Nur aus der Tiefe des Weltseele-Raums und der Belebtheit der kosmischen Umwelt heraus kann so etwas wie eine „Weltwende“ erfolgen. Erde-immanent ist sie mehr oder weniger unmöglich. Dies möchte ich erneut betonen. Würden wir auf die Erde-Immanenz zurückgeworfen (= nur hier ist Leben, da draußen überwiegend lebensfeindliche Wüste), wären wir verloren. Der Erdenmensch kann sich nicht, Münchhausen gleich, am eigenen Schopf aus dem Sumpf herausziehen. Nichts jedenfalls deutet darauf hin, dass so etwas möglich sein sollte.

„Erkenne die Lage!“ Dies ist nach wie vor ein unverzichtbarer Imperativ. Wie immer man die Möglichkeit einer „Weltwende“ einschätzt, sicher ist, dass nicht mehr allzu viel Zeit verbleibt, uns so auszurichten und einzurichten auf diesem Gestirn, wie es nötig wäre für die Erkenntnis und damit auch Rechtfertigung unserer geistig-kosmischen Existenz.

In gewisser Weise ist der Boden, auf dem wir stehen und der uns trägt (physisch und seelisch), durchtränkt mit kosmischer Erinnerung, also Anamnesis. Der Mensch, nicht nur der Erdbewohner, ist eine anamnetische Existenz, und das Vergessen seiner selbst in diesem Sinn ruiniert ihn. Offenbar benötigen wir, aufs Ganze und in der Tiefe gesehen, nichts mehr als eben dies – Anamnesis.

Anhang

Alles Unbekannte und Leere
wird durch psychologische Projektion erfüllt;
es ist, wie wenn sich im Dunkeln
der Seelenhintergrund des Betrachtenden spiegelte.
C. G. Jung

Der Kosmos als Spiegel und die Projektionen der Naturwissenschaft

Auf der Suche nach einer neuen Kosmologie

(*Mein Vorwort zum „Baustoff der Welt" von Helmut Friedrich Krause, Berlin 1991, S. 7–23*)

„Strafkolonie der Milchstraße"?

Dass es mit der Intelligenz des überwiegenden Teils der Spezies Mensch nicht weit her sein könne, ist nicht nur von notorischen Pessimisten wie Arthur Schopenhauer vermutet bzw. schlicht konstatiert worden. Wie denn auch anders? Es fällt ja leicht, sich angeekelt abzuwenden von der Art und Weise, wie diese Wesen mit allem und jedem scheitern, zumindest langfristig scheitern. Das Meer von Blut, Wahn und Dummheit, das diesen Planeten seit Jahrtausenden überschwemmt und unbegreiflicherweise noch nicht aus der Bahn geschleudert hat, ist von niemandem ernsthaft zu verkraften, in kein Bewusstsein integrierbar – es sei denn in das eines sadistischen Dämons von außermenschlicher Herkunft. Was wir heute erleben, wir Nach-Hiroshima- und Nach-Auschwitz-Menschen, ist der Beinahe-Bankrott unserer Spezies, garniert mit einer unübersehbaren Zahl an frommen oder geistreichen oder dümmlichen Phrasen und ideologischen Attrappen.

Es hat da immer wieder nahegelegen, sich Wesen vorzustellen an anderen Orten im Universum, auf anderen Gestirnen, deren Los dem unseren entschieden vorzuziehen, deren Intelligenz der unseren weit überlegen ist. Einige wenige Exemplare des Menschen haben ja gezeigt, was möglich ist, was Menschsein bedeuten kann, welche ungeheuren schöpferischen Möglichkeiten uns „eigentlich" zu Gebote stehen. Immer wieder auch ist der Gedanke gedacht und literarisch oder philosophisch ausgeformt worden, dass das einzige Potenzial, das den Erdbewohnern nun wirklich unbestreitbar zur Verfügung steht: das der Zerstörung großen Stils (unter der Maske von Beglückungsideologien), eine Bedrohung bedeutet für die nähere kosmische Umwelt, dass hier Einhalt geboten werden müsse, um den Erdbewohnern nicht die Möglichkeit zu geben, auch noch andere Himmelskörper zu verpesten. Ein berühmtes Beispiel hierfür ist das

Monumentaldrama „Die letzten Tage der Menschheit" von Karl Kraus, das mit der Vernichtung der Erdbewohner in einer Art von kosmischem Strafgericht endet, ausgeführt von den Bewohnern des Mars.

Aus jüngster Zeit wäre die satirische Science-Fiction-Erzählung „Das Glück von OmB'assa" von Ulrich Horstmann zu erwähnen. Auch hier sieht sich eine außerirdische Macht genötigt, die Erdbewohner zu vernichten bzw. mittels eines atomaren Infernos einzuäschern, weil auf andere Weise die Bösartigkeit und destruktive Energie dieser Wesen nicht gebannt werden kann. Während das Vernichtungswerk in Szene gesetzt wird, hält in einem unterirdischen Hörsaal ein Wissenschaftler einen akademischen „Festvortrag"; die Erde, so verkündet der Gelehrte (als Sprachrohr Horstmanns?), sei „die Strafkolonie der Milchstraße, wenn nicht noch weiterer kosmischer Regionen". „Alle Neugeborenen der Erde sind aus anderen Welten abgeschobene, verbannte und deportierte Schwerst- und Gewaltverbrecher" (Frankfurt 1985, S. 122).

Nur in derartigen kosmischen Relationen lässt sich offenbar die schauerliche und blutige Groteske der Menschheitsgeschichte noch verständlich machen. Viele spüren, dass mit uns, den Bewohnern des Planeten Erde, irgendetwas fundamental nicht stimmen kann, dass wir – zu einem beträchtlichen Teil – nur als das Ergebnis einer Fehlentwicklung kosmischen Ausmaßes, einer grausigen Abirrung von einem großen Schöpfungsentwurf zu betrachten sind. Es braucht uns hier nicht zu bekümmern, dass Optimisten und Ideologen aller Couleur einen derartigen Ansatz für menschenfeindlich, menschenverachtend oder reaktionär halten. Stellen wir uns einmal auf den Standpunkt von Karl Kraus und Ulrich Horstmann (die Erde als Heimstatt von Verbrechern und Psychopathen, dem verdienten Untergang entgegentaumelnd), behalten wir aber zugleich – auch wenn dies zunächst paradox klingt – den großen Hoffnungsimpuls bei, der auf die Erlösung der (inneren und äußeren) Natur und die Rettung des Planeten gerichtet ist, so ergeben sich bemerkenswerte Schlussfolgerungen für das, was gemeinhin als Weltbild bezeichnet wird. – Erlösung der Natur (im Menschen) heißt auch Befreiung des Geistes, Befreiung der Vorstellungswelt, Erlösung des Kosmos in unserem Denken!

Die Welt als Projektionsschirm

Wie werden die Bewohner des Verbrecherplaneten die Natur, das heimatliche Gestirn, den Kosmos sehen? Eines lässt sich mit Sicherheit sagen: Sie werden Bilder von Kosmos und Erde entwickeln, die dem eigenen seelischen Zustand entsprechen – Bilder, innerhalb deren sie die Rechtfertigung ihrer eigenen Existenz erleben! Hierin unterscheidet sich auch das sogenannte wissenschaftliche Weltbild – wesensmäßig oder strukturell – nicht vom vorwissenschaftlichen Weltbild oder von beliebigen religiösen Vorstellungen. Der Mensch bedarf der

Rechtfertigung seiner Existenz, seines Tuns, seines Denkens und Fühlens, seiner kulturellen Zusammenhänge. Weltbilder leisten dies. Und auch deswegen mag es müßig sein, sie zum Gegenstand erhitzten Streitens zu machen. Dennoch gilt: Weltbilder korrespondieren Welthaltungen, Grundeinstellungen als Wurzeln des Handelns. Wie einer ist, so sieht er die Welt; wie er die Welt sieht, so handelt er auch – wenngleich häufig nicht direkt und unmittelbar, sondern in Widerspruch zu dem, was er zu glauben oder zu wissen vorgibt. Anders gesagt: Stets ist es die Tat, die die Eigentlichkeit einer Überzeugung an den Tag bringt, so etwa (und nicht selten): die pathologische Borniertheit und Winkelperspektive unter der Maske religiöser Ideen.

Messen wir nun das moderne Weltbild an seinen Konsequenzen, so haben wir allen Anlass, ein hohes Maß an Misstrauen an den Tag zu legen – ein Misstrauen, wie es viele gegenüber dem Christentum empfanden und empfinden angesichts der Blutspur, die diese Religion in der Geschichte hinterlassen hat, angesichts der Exzesse des Hasses im Namen der christlichen Liebe ... In meinen Büchern über Kopernikus, Schelling und Giordano Bruno (sowie in der noch unveröffentlichten „Anti-Geschichte der Physik“) habe ich die lebensfeindliche Abstraktheit und Absurdität des herrschenden Bildes vom Universum mit der Atombombe und der sich abzeichnenden ökologischen Globalkatastrophe in Zusammenhang gebracht: als zwei Seiten derselben Münze.

Ein Psychopath lebt in einer Wahnwelt; die Wirklichkeit vermag er nicht zu erkennen. Und die Welt wird ihm zum gigantischen Projektionsschirm seiner inneren Deformiertheit, zum Spiegelbild seiner selbst. Die von den theoretischen Physikern und Astronomen mit Inbrunst verkündete Sicht des Kosmos – durch die Massenmedien noch unsäglich popularisiert – kann nur als Alptraum bezeichnet werden: ein monströses Vorstellungsgebilde, das jeder Vernunft, jeder Menschlichkeit und Menschenbezogenheit widerspricht. Wenn die Welt wirklich so aussähe, wie uns die „Kosmologen“ einreden wollen, wäre sie – und könnte sie nur sein – das Werk eines geisteskranken Demiurgen, primitiv und bösartig, mit sadistischer Freude am Absurden. Ja, die Welt, das Universum wäre die Manifestation des Bösen und der Sinnlosigkeit, wert, recht bald von einem jener fiktiven „schwarzen Löcher“ verschluckt zu werden. Gewaltige Gasbälle in Räumen eisiger Leere, Explosionen, Katastrophen allenthalben, jagende Ausdehnung seit dem fabulösen „Urknall“, das Leben ein Zufallsprodukt im blinden Würfelspiel einer blödsinnig in sich selbst verstrickten Materie, gekrümmter Raum, vierdimensionale Raumzeit, usw. usw. Kurz: das Universum als Chaos. Der Kosmos als Illusion.

Dem wissenschaftshörigen Menschen unserer Tage wird all dies als „wissenschaftlich bewiesen“ oder zumindest wahrscheinlich verkauft. Man verweist auf die (wahrlich beängstigende) Präzision der vorgenommenen Messungen, auf die ehrfurchtgebietende Kunstsprache der Mathematik, auf die technologisch umsetzbaren Erfolge: etwa die weiche Landung eines Objekts auf dem Planeten Mars. Hinzu kommt seit einigen Jahren der Versuch, die philosophisch-mathematischen Spekulationen von Relativitäts- und Quantentheorie sowie deren Ableger- und Nachfolgetheorien spirituell aufzuwerten. Man denke an den Physiker Fritjof Capra, der als sogenannter Hochenergie-Physiker auf die technischen Großanlagen der Teilchenbeschleuniger angewiesen ist, mittels deren man dem Weltgeist im Ganz-Kleinen auf die Spuren zu kommen hofft, und der andererseits, als einer der Vordenker der New-Age-Bewegung, das Elementarteilchenverwirrspiel mit den großen philosophischen und spirituellen Entwürfen Asiens in Einklang zu bringen sucht. So kann sich jeder theoretische Physiker zutiefst gerechtfertigt fühlen (und die Trostlosigkeit seiner realen Existenz vergessen: die ermüdende und verwirrende Teilchenjagd im Unfassbar-Winzigen). Wenn es denn solcherart Rechtfertigung überhaupt bedarf; vielen hilft schon der Gedanke, dass sie so etwas wie „Grundlagenforschung" betreiben, wie es großspurig heißt, als sei man den letzten Rätseln des materiellen Seins dicht auf den Fersen. Bald soll gar der „Urknall" auf der Teilchenrennbahn simuliert werden: ein ebenso erheiternder wie abwitziger Gedanke.

Der Mensch begegnet nur sich selbst

Quantentheoretiker betonen stets, dass der Mensch in der modernen Naturwissenschaft im Grund nur noch sich selbst begegne, dass das Naturbild der heutigen Physik kein Bild der Natur als solcher sei, sondern nur des Menschen Beziehungen zur Natur widerspiegele. Dies wird abgeleitet aus bestimmten Postulaten der Quantenmechanik für den Mikrobereich. Ich möchte den verbreiteten Verallgemeinerungen dieser erkenntnistheoretischen Behauptung eine neue Verallgemeinerung hinzufügen, die weniger Anklang finden dürfte, ja bei vielen auf heftige Abwehr stoßen wird. Diese Verallgemeinerung oder Ausweitung lässt sich in dem altpersischen Weisheitssatz zusammenfassen: „Der Kosmos ist wie ein Spiegel." Wer immer in den Kosmos hineinschaut, erblickt nur sich selbst, aller wissenschaftlichen und mathematischen Modifizierungen ungeachtet.

Dies spannt den Bogen zurück zum Weltbild der Bewohner des Verbrecherplaneten – des „hundstollen Planeten", wie Karl Kraus sagt. Dieses Weltbild trägt pathologische Züge. „Urknall" und Hiroshima gehören engstens zusammen. Wer den Kosmos gedanklich zerstört, zerstört über kurz oder lang auch die organische Ganzheit des ihn tragenden Gestirns und damit sich selbst. Nihilistische Weltbilder produzieren Verhaltensweisen, die auf radikale Vernichtung hinauslaufen. Wer Sonne und Fixsterne als kosmische Kernfusionsöfen imaginiert, unter anderem aus der Unfähigkeit heraus, sublimere Lichtvorstellungen zu entwickeln, leistet, bewusst oder unbewusst, seinen Beitrag zur Ermöglichung der atomaren Katastrophe. Es kann kaum ernsthaft geleugnet werden, dass die Atombombe das Resultat der modernen theoretischen Physik ist.

Die pathologischen Züge des modernen Weltbilds sind augenfällig. Und längst ist der Anspruch der Naturwissenschaft, Erfahrungswissenschaft zu sein, verspielt worden. Es wird munter spekuliert und extrapoliert, meist unter Hinweis auf die physikalische Einheit des Universums und die Messergebnisse der vielen komplizierten Apparaturen, die den Laien verschrecken und verunsichern. Auch ist die Arroganz der meinungsbildenden „Forscher" beträchtlich, aller gegenteiligen Beteuerungen ungeachtet. Und Kritiker werden schnell mundtot gemacht oder als intellektuell fragwürdig hingestellt, unfähig, die Präzision und Voraussagekraft der Wissenschaft zu würdigen oder nur zu erkennen. Oft werden pure Glaubenspositionen verteidigt unter dem Vorwand wissenschaftlicher Auseinandersetzung. Staatliche Gelder werden nur ganz bestimmten Forschungsprojekten zur Verfügung gestellt; sich als Elite verstehende Cliquen formulieren die allein zulässigen und möglichen Fragen, was einem unbequemen Außenseiter kaum eine Chance gibt; man spielt sich gegenseitig die Bälle zu und bestätigt sich fortwährend, und zwar über die nationalen Grenzen hinweg. Wer zu weit geht, macht sich lächerlich, verliert die wissenschaftliche Reputation, die Solidarität der eigenen Zunft. Dogmen und Tabus verstellen allenthalben die Sicht. „Beweise" sind oft nur subtile Zirkelschlüsse, Tautologien oder eindimensionale Auswertungen bestimmter Messdaten, und so fort. Hinzu kommt die allgemeine Willfährigkeit gegenüber der um sich greifenden Barbarei, den Perversionen des Intellekts (etwa auf dem Gebiet der Waffenentwicklung).

Illusionen als wirkende Energien

Ich habe die Behauptung aufgestellt, dass die in unseren Tagen allgemein anerkannte Vorstellung von der physikalischen Struktur der Sonne und der Fixsterne ihre Entsprechung habe in den atomaren Zerstörungsmöglichkeiten. Dieser Zusammenhang ist zunächst keineswegs einsichtig, gilt doch die herrschende Theorie von der Entstehung des Sonnen- und Sternenlichts als wissenschaftliche Wahrheit, zumindest als Hypothese, die sich vielfältig verifizieren lässt – auf jeden Fall aber als der Welt der Fakten zugehörig, nicht aber der Welt der Werte. Und es ließe sich polemisch fragen, was denn etwa das Fallgesetz mit moralischer, philosophischer oder ästhetischer Wertung zu tun habe. Bekanntlich gehört es seit Galilei zur Essenz wissenschaftlicher Erkenntnisbemühung, Fakten und Werte streng voneinander zu trennen – ein fataler Irrweg, wie wir heute wissen.

In der Geschichte der Naturwissenschaften sind Fiktionen niemals in der genügenden Klarheit von Hypothesen getrennt worden. Hypothesen sind Annahmen oder Vermutungen über bestimmte Zusammenhänge, die – bis zu einem gewissen Grad – auch beweisbar sind, weil sie dem Feld der Erfahrung angehören. Das Fallgesetz etwa ist beweisbar. Fiktionen sind prinzipiell unbeweisbar; es sind Behauptungen über die Wirklichkeit, die zwar nützlich oder hilfreich sein können (häufig sind sie es nicht), aber stets das voraussetzen, was eigentlich bewiesen werden soll. Sie sind zirkelhaft konstruiert; sie können nur aus sich selbst heraus bestätigt werden. Nicht nur Relativitäts- und Quantentheorie sind auf Fiktionen aufgebaut, sondern auch andere theoretische Ansätze der modernen Wissenschaft. Entscheidend für unseren Zusammenhang ist die Werthaltigkeit der jeweiligen Theorien, als hier häufig verborgene Seelenschichten ihren Ausdruck finden, Projektionen von Innerseelischem auf die Spiegelfläche der kosmisch-natürlichen Umwelt. Darum geht es. Das macht den Streit um Weltbilder oder Theorien zu weit mehr als zur bloßen Kopfsache. Illusionen sind wirkende Energien. Denken überhaupt ist wirkende Energie. Projektionen fließen aus den bewusstseinsmäßig unterpflügten oder verschütteten Schichten der Psyche und können ein gespenstisches Eigenleben entfalten, das wiederum zurückwirkt auf die Seele. Schließlich verfängt sich der Mensch unentrinnbar im Spiegelkabinett der eigenen Projektionen, die er für objektive Realitäten hält.

Die Absurdität der modernen Kosmologie spiegelt die Absurdität und verwinkelte Trostlosigkeit der modernen Seele. Die hinter dem modernen Weltbild stehenden Energien verhindern die Erlösung der Natur und die Rettung der Erde.

Nicht Wissenschaftsfeindlichkeit, Irrationalismus oder Mystik ist die schöpferische Alternative zum Alptraum der Gasbälle, „schwarzen Löcher“ und anderer Elemente der mathematisierten Sinnlosigkeit (Steven Weinberg: „Je begreiflicher uns das Universum wird, um so sinnloser erscheint es auch.“), sondern: Wissenschaft, die diesen Namen verdient, die das lebendige Subjekt des Wissenden einbezieht, die sich an der lebendigen Erfahrung orientiert – Wissenschaft auf ihrem eigentlichen Niveau, wesensmäßig nicht zu trennen von schöpferischer Philosophie und kosmosverbundener Spiritualität.

Die Physik des Weisen oder des Buddhas schneidet nicht, zerschneidet und zertrümmert nicht die Bauelemente der Natur, verliert nicht das Wissen der Einheit, das Wissen des Dao. Die Naturwissenschaft der „Willens- und Verstandeskultur“, sagt Carl Friedrich von Weizsäcker, sei „außerhalb ihres Gesichtsfeldes blind“. Damit steht sie außerhalb des Dao und ist notwendig (zumindest auf weite Strecken) auch innerhalb ihres Gesichtsfelds blind. „Wissenschaft, die die Welt zerstört“, sei „schlechte Wissenschaft“ (noch einmal Weizsäcker). Dass die mathematische Naturwissenschaft in der im Abendland verbreiteten Art weltzerstörend wirkt, ist unübersehbar; also ist sie – „schlechte Wissenschaft“! (So weit würde Weizsäcker selbst nicht gehen in seinen Schlussfolgerungen.) Wir brauchen eine Wissenschaft, die den Geist mit der Wirklichkeit versöhnt bzw.

den von der Natur – und von sich selbst – entfremdeten Geist, im Wortsinn, ver-wirklicht. Wer erlöst den Kosmos bzw. unsere Kosmosvorstellung von den selbsternannten „Kosmologen"?

Zu erkenntnistheoretischen Grundsatzfragen der Naturwissenschaft habe ich mich in den oben genannten Büchern eingehend geäußert; leitend war für mich dabei der Gedanke der kosmischen Relativierung der irdischen Physik, wie er in den Schriften Giordano Brunos zum Ausdruck kommt, und die meiner Überzeugung nach endgültige Überwindung der geozentrisch-scholastischen Verkrustungen der Physik in der Einheitlichen Feldtheorie des Philosophen Helmut Friedrich Krause, die zugleich eine völlig neuartige Gravitations- und Lichttheorie beinhaltet. Diese Feldlehre, die H. Krause im „Baustoff der Welt" umreißt, ist für mich der aufregendste physikalische und kosmologische Entwurf unserer Zeit.

Der „Baustoff der Welt" erschien zuerst 1970, war für einige Zeit eine Art Kultbuch für einen kleinen Kreis von Menschen in Deutschland und dann jahrelang vergriffen.

Die existenzielle Herausforderung heute ist die Erlösung der Natur, die Wiedergewinnung des Dao, die Rettung des uns tragenden Planeten. Dies beinhaltet notwendig einen Umbau unserer Bewusstseinsverfassung, eine Überwindung unserer absurden Projektionswelt (die uns zur zweiten Natur geworden ist): ein schmerzhafter, langwieriger Prozess, der an tiefverwurzelte Tabus rührt, an dogmatische Versteinerungen allenthalben. – Am Beispiel von Sonne und Licht lässt sich die Grundstruktur unserer Projektionswelt paradigmatisch verdeutlichen.

Die Sonnenofenfiktion: ein Relikt des Mittelalters?

Wer heute die prinzipielle Bewohnbarkeit aller Gestirne einschließlich der Sonnen behauptet, macht sich schlicht lächerlich (um das Geringste zu sagen). Diese Auffassung wird für so abenteuerlich, abwegig und letztgültig widerlegt angesehen wie die antike und mittelalterliche Vorstellung von der Mittelpunktstellung der Erde im Kosmos. So findet die Sonnenofenfiktion allgemeine Anerkennung, weniger wegen der Kernfusionstheorie als wegen der sinnlichen Unmittelbarkeit dieser Annahme: Hier die glühende, Licht aussendende Metallplatte, dort das glühende, Licht aussendende Zentralgestirn; warum sollen im Kosmos, also auf der Sonne oder zwischen Erde und Sonne andere physikalische Gesetzmäßigkeiten gelten? Hat nicht die neuzeitliche Physik gerade die Einheit des materiellen Universums bewiesen, die Universalität der physikalischen Gesetze? Bedeutet nicht die Infragestellung dieser Einheit einen Rückschritt, den Weg in die vorkopernikanische, vorgalileische Ära?

Die letztere Frage kann eindeutig verneint werden; das Gegenteil ist der Fall: Gerade die Sonnenofenfiktion ist ein mittelalterliches, am naiven Realismus orientiertes Relikt, wie schon Giordano Bruno in seinen frühen kosmologischen Schriften von 1584 gezeigt hat.

Was der Durchsetzung des Kopernikanismus am meisten im Weg stand, war die Suggestivkraft der unmittelbaren Sinneserfahrung: die Unverrückbarkeit des uns tragenden Bodens. Dass dieser Boden in rasender Bewegung begriffen sein könne, obwohl dies weder sinnlich noch physikalisch direkt nachweisbar ist, hatte zunächst wenig Wahrscheinlichkeit. Erst Giordano Bruno hat diesen Umstand zum Anstoß einer Totalrelativierung der sinnlichen Wahrnehmung überhaupt genommen, die die Wahrnehmung der kosmischen Umwelt einschließt. Ausgehend von der Prämisse der sinnvollen Ordnungsstruktur des Universums bzw. der ihm innewohnenden göttlichen Weisheit, kam Bruno zu der Erkenntnis, dass es keinen toten Winkel im All geben könne, dass jeder Himmelskörper grundsätzlich die Möglichkeit haben müsse, Leben und Intelligenz hervorzubringen. Wenn etwa die gleißende Helligkeit der Sonnenscheibe den Schluss nahelegt, die Sonne selbst sei ein ungeheuer heißer Körper, so ist dies nach Bruno eine geozentrische Täuschung, Symptom der Unfähigkeit, die irdische Winkelperspektive zu überwinden. Die Erscheinung der Sonne sei von ihrer physikalischen Wirklichkeit zu trennen. Noch Newton und mit ihm viele Denker und Wissenschaftler der Aufklärungsepoche hielten die Sonne für ein bewohntes Gestirn, wobei sie geleitet wurden von dem Postulat von der Allgegenwart der Vernunft im Kosmos. Das änderte sich dann grundlegend in der zweiten Hälfte des 19. Jahrhunderts. Auch wenn's den herrschenden Vorstellungen in Sachen Erkenntnistheorie der Physik und Astronomie radikal widerspricht, soll hier die These aufgestellt werden, dass die physikalische Beschaffenheit der Sonnenoberfläche mit dem üblichen Instrumentarium der Naturwissenschaft nicht erkannt und beschrieben werden kann. Auch ist es unmöglich, die Oberflächentemperatur der Sonne direkt und gleichsam voraussetzungslos zu ermitteln.

In meinem Kopernikus-Buch habe ich geschrieben (rowohlts monographien 347, S. 15): „Um der nachkopernikanischen Selbstgefälligkeit der Wissenschaft zu entgehen, tun wir gut daran, die Kosmosmodelle der abstrakten Naturwissenschaft mit einem hohen Maß an Skepsis zu betrachten und sie nicht vorschnell mit der ‚Wahrheit' des Universums zu identifizieren. Schon der erkenntnistheoretische Ansatz der mathematischen Naturwissenschaft müsste zu höchstem Misstrauen herausfordern, wenn es um die Realitätserfassung lebendiger Ganzheiten geht. Bekanntlich besteht die Wissenschaftsmethodik seit Galilei darin, unter Negierung der unmittelbaren Erfahrung nur dasjenige als ‚objektiv' anzuerkennen, was sich quantifizieren lässt, und hieraus, unter weitgehender Beschränkung auf beobachtbare Größen, ein in sich widerspruchsfreies Bild der Wirklichkeit zu konstruieren. Naturgemäß kommt das Leben darin nicht mehr vor. Zur Wissenschaftsmethodik gehört ferner die eigentümliche Ontologisierung der mathematischen Erkenntnismittel, das heißt die Gleichsetzung von

Mathematik und objektiver Realität. Physikalische Widersprüche und Unverträglichkeiten werden mittels der Mathematik ausgeschaltet und für „aufgehoben" erachtet. – Mit einigem Recht kann der abstrakt-mathematischen Betrachtungsart eine lebensfeindliche Tendenz unterstellt werden, wie dies selbst in den Reihen der Physiker wiederholt geschehen ist. Wenn die Naturwissenschaft letztlich auf eine Welt hin konstruiert ist, in der mit den Widersprüchen des Lebendigen auch der Mensch eliminiert wird, wie jüngst der Physiker Herbert Pietschmann betonte, dann ist von einer derartigen Betrachtungsart, wenn sie sich der Kosmologie zuwendet, kaum etwas anderes zu erwarten als die Behauptung, der Kosmos kenne das Prinzip Leben nur als Ausnahme und Zufallsprodukt.

Was ‚wissen' wir über den Kosmos, seine Gesetze und sein inneres Gefüge, die ihn konstituierenden Prinzipien und Kräfte? Sind wir ‚weiter' als Kopernikus, jedenfalls was die kosmischen Regionen außerhalb des Planetensystems anlangt? Die Beantwortung dieser Fragen hängt letztlich von erkenntnistheoretischen Grundsatzentscheidungen ab, die erheblich ‚tiefer' und schwieriger sind, als zumeist angenommen wird. Wir registrieren die Fixsterne auch mit Hilfe der größten Fernrohre nur als strukturlose Punkte; präzise Aussagen über Dichte, Temperatur und Entfernung entbehren der experimentellen Nachprüfbarkeit. Die Legitimität der Extrapolation physikalischer ‚Naherfahrung' in die abgründigen Weiten des Alls bleibt unbeweisbar."

Gravitation als Schwellenkraft und die Spiritualisierung der Gestirne

Schon der große Physiker Michael Faraday (der kein Mathematiker war) hat vermutet, dass es sich bei der Gravitation um ein Strahlungsphänomen handeln müsse, dass also der Schwerkraft Strahlungsenergie zuzuordnen sei. Dem Energiesatz zufolge kann diese Gravitationsstrahlung nur aus einer anderen Energieform entstanden sein; sie muss aus einer Energieumwandlung gespeist werden. Aus dem Ansatz Faradays folgt, konsequent weitergedacht, dass diese Energieform nur die Materie selbst sein kann bzw. die in ihr gebündelten und schwingenden Energien, von denen Faraday eine sehr subtile Vorstellung hatte. Helmut Friedrich Krause ist, physikalisch gesehen, der Vollender der Faraday-Maxwell'schen Feldtheorie; zugleich weist seine Feldlehre eine spirituelle Dimension auf, die sie mit der Spiritualisierung der Materievorstellung im tantrischen Buddhismus verbindet.

Nach H. Krause ist das radialsymmetrische Schwerefeld der Erde (und aller Gestirne) die Folge einer Materiezerstrahlung, eines Materiezerfalls im Gestirnkern. Kraft ungeheuren Drucks reißen die Bindekräfte der Materie und verstrahlen in radialer Form, die Gestirnmaterie wie Schaum durchschlagend, in die Weiten des Alls. Diese Materieauflösung, die einer Rückverwandlung der Materie in ihren energetisch-substanziellen Ursprung entspricht, ist ein unaufhörlicher Prozess: der Grundprozess der physikalischen Welt. Gravitation ist nicht einfach mit der Materie gegeben, sondern muss stets erneut gespeist werden durch den Zerfall der Materie im Gestirninnern. Die freiwerdende Energie – in Form des radialsymmetrischen Felds – gehört der Sphäre des Unendlichen und Absoluten an. Die Kernverstrahlung durcheilt das All mit unendlicher Geschwindigkeit (der Faktor t – Zeit – existiert nicht). Gravitation ist die Schwellenkraft, in der sich Relatives und Absolutes berühren. Die Urenergie wird von H. Krause „Weltwille" und „Raumenergie" genannt.

Die von Krause aufgezeigte Materieverdichtung im Gestirnkern, die den gängigen Vermutungen über den Gestirnaufbau widerspricht, hängt mit der Radialität des Energiefelds zusammen. Nach der Massenanziehungsfiktion (Newton) kann diese Radialität bzw. die Abnahme der Schwerewirkungen mit dem Quadrat der Entfernung erst von der Gestirnoberfläche an Gültigkeit haben und auf keinen Fall Richtung Erdmittelpunkt „weitergedacht" werden. Seit Newton wird die „Masse" des Erdganzen (bei Newton selbst schlicht: „Materiemenge", das Produkt aus Dichte und Volumen) als physikalische Ursache der Gravitation angenommen, als die Summe der Massenanziehungswechselwirkungen aller materiellen Teilchen, die das Gestirn konstituieren. Wenn dies so wäre, könnten die Schwerewirkungen von der Erdoberfläche Richtung Erdkern naturgemäß nicht mit dem Quadrat der Entfernung zunehmen. Die der Radialität des Felds entsprechende Zunahme der Schwere im Gestirninnern, wie sie Krause plausibel gemacht hat, hat zur Folge, dass die Schwerewirkungen im Erdzentrum unvorstellbar groß sein müssen. Natürlich treten schon von einer bestimmten Erdkernnähe, einer nicht berechenbaren Tiefenstufe an Materiezerfallprozesse auf. Die Gravitationswirkungen heben sich im Gestirnzentrum gegenseitig auf, was zu der verblüffenden „Pointe" führt, dass das Gestirnganze weder „träge Masse" noch „schwere Masse" im Sinn der klassischen Mechanik haben kann. Was den Eindruck der Trägheit erweckt, ist eine Art Verstrahlungswiderstand, den jeder Himmelskörper der kosmischen Umweltstrahlung entgegensetzt.

Die differenzierten Wechselwirkungen der Energiefelder der Gestirne bestimmen alle Bewegungsvorgänge im Kosmos. In Relation zum eigenen Kernverstrahlungsfeld „ruht" jedes Gestirn; daher die Unmöglichkeit, die Erdbewegung mechanisch oder optisch direkt nachzuweisen. Das Gestirn wird durch und über das eigene Energiefeld, das alle physikalischen Prozesse als Führungsfeld bestimmt, zum quasi-ruhenden Bezugssystem. Daher auch die bekannte Ergebnislosigkeit des Michelson-Morley-Versuchs! Wenn man alle im 19. Jahrhundert verbreiteten mechanistischen Vorstellungen feldgerecht korrigiert, kann das Raumenergiefeld als „Äther" bezeichnet werden, der, radial strukturiert und dem Gestirn unlösbar verbunden, das Medium für Schwingungsvorgänge darstellt, die unter anderem als Elektromagnetismus und Licht manifest werden.

Im Gegeneinanderwirken werden die Kernzerfallfelder der Gestirne, die in reiner Form als wellenlos zu betrachten sind, zu Wellenform „gestaucht" (wie Krause wörtlich sagt); es entstehen Stauchungszonen unterschiedlicher Art und Intensität, die im Bereich der jeweiligen Gestirnoberfläche auch mit Schwereverminderungen einhergehen. So kommt es zu den Gezeitenrhythmen der Meere, aber auch zu analogen Rhythmen der festen Materie. Licht entsteht im Gegeneinanderwirken der Energiefelder; es ist eine Zustandsänderung der Raumenergie, und kein Himmelskörper ist selbst oder als solcher eine Quelle des Lichts und der Wärme. Überall kann es zu lebenermöglichenden Zustandsformen der Felder kommen. Das Prinzip Leben ist allgegenwärtig im Kosmos. Heiße Gasbälle in eisiger Leere: Dies ist eine bloße Projektion ohne kosmischen Wahrheitsgehalt.

Die Energiefelder der Sterne sind einem lebendigen Prozess des Werdens und Vergehens unterworfen. Bei zeitlicher und räumlicher Intensitätsabnahme der Verstrahlung kommt es zu einer (scheinbaren) Fluchtbewegung ferner kosmischer Objekte, wobei die Geschwindigkeit proportional zur Entfernung wächst („Flucht der Spiralnebel"). Diese Fluchtbewegung, die sich aus der Rotverschiebung in den Spektren der Galaxien ablesen lässt, unter Heranziehung des Doppler-Effekts als eine reale zu missdeuten, ja gar eine „Expansion des Weltalls" zu fingieren, ist ein deutliches Symptom für die Unfähigkeit, das geozentrische Verhaftetsein des Denkens zu überschreiten. Auch in der nachkopernikanischen Ära sind die Restbestände scholastischer Denkstrukturen beträchtlich – ein Umstand, der nur dadurch verschleiert wird, dass die Welt eine gedankliche Entgrenzung erfahren hat und zugleich die Technik jederzeit die objektive Gültigkeit mechanischer und elektromagnetischer Gesetze offenbart. Dies hat zu dem Trugschluss geführt, die mathematisch erfassbare Schicht der Erfahrungswelt sei nunmehr beliebig übertragbar und ausweitbar, also auch auf den Kosmos in seiner Unermesslichkeit und Vielfalt.

Man erkennt nur das, was man ist

Der kosmische Spiegel bleibt die eherne Grenze rationaler Wirklichkeitserfassung. Und stets werden nur jene Schichten „erkannt", die der eigenen seelisch-geistigen Struktur entsprechen. Die Oberflächentemperatur des Sirius beispielsweise ist kein Gegenstand naturwissenschaftlicher Erfahrung, von der Kosmologie oder Kosmogonie zu schweigen. Offenbar vermag nur der zum Buddha-Bewusstsein Geordnete sich mit dem kosmischen Spiegel in Übereinstimmung zu bringen, ja dieser gleichsam selbst zu werden! Auch in der Monadenlehre Giordano Brunos finden sich analoge Gedanken. Nur in jener höchsten Form des Bewusstseins werden die mit dem Menschsein gegebenen Projektionen überwunden. (Eine andere Frage ist es, ob nicht dem Inkarniertsein schlechthin Illusionen und Täuschungen anhaften, die selbst ein Buddha, solange er noch verkörpert ist, nicht vollständig ausschalten kann.) Es gehört zu den nicht endenden Bewusstseinsaufgaben des Menschen, an der Befreiung aus dem Gefängnis der Ego-Projektionen zu arbeiten, Schicht um Schicht der Illusionsprojektionsschirme abzutragen oder aufzulösen, den Block des Schlafs und der Unbewusstheit zu zerschlagen.

Die kosmische Brille des Erdfelds

Sicher können auch unterhalb der „Erleuchtungsschwelle" sinnvolle Aussagen über den Kosmos gemacht werden, nur werden diese über die Beschreibung bestimmter Ordnungsformen der Erscheinungen nicht hinauskommen. Ein Denken, das sich in eindimensionalen Kausalverknüpfungen der Dinge manifestiert, ist in Grenzen durchaus sinnvoll oder gar notwendig für das gesellschaftliche Zusammenleben und die Alltagsorientierung des einzelnen (und ähnliches), nur: Es ist absurd, dieses selbe Denken auf das Universum anzuwenden. Das führt beinahe zwangsläufig in die Narretei. Der Intellekt bleibt eine „Flächenkraft" (wie Schopenhauer sagt), er bringt stets nur sich selbst hervor. Auch sind die Wahrnehmungsformen des kosmischen Subjekts Erde, die sich aus dem Kernverstrahlungsfeld ergeben, nicht mittels intellektueller oder mathematischer Kunstgriffe aus den Angeln zu heben. Wir sehen die kosmische Umwelt durch die Brille dieses Felds.

Das Feld ist gleichsam das An-Sich der Materie, die fundamentale Bestimmungsgröße aller physikalischen Prozesse bis in den Mikrobereich hinein. Das Feld trägt und ermöglicht die materielle Welt, und über seine unmittelbarste Wirkung – die Schwere – sind alle Körper im Gestirnbereich ihm unlösbar verbunden. Gerät das Feld, durch die Einwirkung anderer Kernzerfallfelder, in Schwingungen, werden alle Schwereverhältnisse dadurch beeinflusst. In dieser echten Relativitätstheorie wird auch das Licht zur feldbedingten Variablen, und nur das Kernverstrahlungsfeld verbleibt als absolute Größe.

Über die Oberflächenbedingungen etwa der Sonne oder des Jupiters lassen sich nur wenige Aussagen machen; hier müssen ungeheure Stauchungszonen in Gestirnnähe vorliegen, eine erhebliche Verschiebung der Regenbogenskala des sichtbaren Lichts, vielleicht gar lebenermöglichende Strahlungsverhältnisse; auf keinen Fall jedoch werden glühende Gase die Oberfläche bestimmen. Gestirnoberfläche wie Gestirnaufbau müssen fest und „kalt" sein; das folgt aus der radialen Form der Kernzerfallfelder.

Wenn es gelänge, mittels Landung einer Sonde auf der Jupiteroberfläche nachzuweisen, dass die Gestirnoberfläche fest ist, wäre das Newton'sche Gravitationsgesetz – die mechanistische Massenanziehungsfiktion – endgültig widerlegt, und keine noch so kluge Manipulation oder Modifizierung der bekannten Art (von Seeliger bis zu Einstein) könnte dies ändern. Der Grund ist einfach: Im Fall einer festen Oberfläche des Jupiters müssten gemäß der Massenanziehungsfiktion die im Sonnensystem ausgeübten gravitationellen Störwirkungen erheblich größer sein, als sie real sind.

Dass der größte Planet – wie bekannt – erheblich mehr elektromagnetische Strahlungsenergie abstrahlt, als er den herrschenden Überzeugungen zufolge von der Sonne eingestrahlt erhält, können die Physiker und Astronomen nur erklären, indem sie den Jupiter zu einer Quasi-Sonne machen, indem sie ihm Eigenschaften andichten, die partiell auch für die Sonne unterstellt werden.

Die Krause'sche Feldlehre liefert eine recht einfache Deutung dieser „Abstrahlkapazität" des Jupiters: Alle Himmelskörper mit Eigenverstrahlung müssen einen strukturell ähnlichen Aufbau haben; es gibt weder gigantische Gasbälle noch feuerflüssiges Magma in Tiefenschichten der Gestirne. Vulkane sind nach Krause das Ergebnis eines Aggregatwechsels von ursprünglich fester Materie beim schnellen Durchgang in Zonen geringerer Felddichte: Mit Annäherung an den Erdkern verstärken sich die Schwingungsvorgänge der Materie, der Schmelzpunkt ist von der Felddichte abhängig. Wird feste Materie aus tieferen Erdschichten in großer Geschwindigkeit nach oben gepresst, so erfolgt ein Aggregatwechsel, weil die atomaren Schwingungen sich erst mit einer gewissen Verzögerung den geänderten Feldbedingungen – dem verringerten Druck als Folge der geringeren Felddichte – anpassen können. Das Zusammenwirken von vermindertem Druck und hoher atomarer Bewegungsgeschwindigkeit bringt die Materie zum Schmelzen.

Kosmische Physik – Physik des Buddha

Wenn überhaupt von einem „Dao der Physik" gesprochen werden kann (um die berühmt gewordene Formel Fritjof Capras aufzugreifen), dann scheint mir die Feldlehre des Philosophen Helmut Krause dieses Etikett zu verdienen. Sie ermöglicht nicht nur physikalische und kosmologische Einordnungen von kristallener Einfachheit, sondern kündet zugleich von dem Weisheitsprinzip, das offenbar auch die materielle Welt bestimmt. Hier liegt wirklich eine kosmische Physik vor, die die erdoberflächenverhaftete Mechanik zu relativieren vermag. Diese kosmische Physik hat eine metaphysische, eine spirituelle Grundlage, die etwas erahnen lässt von der Harmonie mit dem kosmischen Spiegel. Mit Einschränkungen könnte die Lehre von den Energiefeldern der Gestirne auch als eine Art Physik des Buddhas bezeichnet werden: Sie macht den Maya-Charakter der materiellen Welt sinnfällig, die ihr innewohnende, sie konstituierende „Leere" (im Sinn der Shunyata-Vorstellung). Sie zeigt die spirituelle Struktur der Materie, ihre potenzielle „Durchsichtigkeit", von der die Esoterik des tantrischen Buddhismus zu berichten weiß.

Die Gestirne – in der Newton'schen Himmelsmechanik träge und schwere Materieklumpen, die umeinander herumfallen – werden als sublime Großorganismen gesehen, getragen und durchdrungen von ihren Kernenergiefeldern, deren universelles Wirken der Sphäre des Göttlichen zugeordnet werden kann. Die irdische Physik findet hier ihre kosmische Fundierung. Und das Bestreben, die Materie von innen her aufzubrechen, um derart an die in ihr gebannten Energien heranzukommen und diese verfügbar zu machen, erweist sich als langfristig tödlicher Irrtum, als Verbrechen gegen die Grundlagen alles Lebendigen.

Die Rücknahme der Projektionen

Die Zerstörung des Kosmos in unserem Denken entspricht der Zerstörung der Erde; beides spiegelt die Natur- und Kosmosfremdheit der modernen Seele. Unlebendige Weltbilder führen stets zu lebensfeindlichem Handeln. Und pathologischer Wirklichkeitsverlust führt langfristig zur Wirklichkeitszerstörung. Zur Erlösung der Natur gehört die Erlösung des Kosmos in unserem Denken, gehört die Überwindung der wahnhaften Idee eines leblosen und menschenfeindlichen Universums. „Schwarze Löcher" und ähnliche Monstrositäten sind Projektionen des Vakuumstrudels der modernen Seele. Die Lehre vom „Urknall" spiegelt die mörderischen und explosiven Schichten der modernen Naturwissenschaft ...

Nur zuhöchst individualisierte und an der Überwindung ihrer Projektionen arbeitende Geister werden in der Lage sein, den unaufhaltsam scheinenden Sog ins Chaos zu stoppen, die Pervertierungen des Denkens zu überschreiten, das wüste Land zu erlösen.

„Unser menschliches Verständnis", schreibt der große Moralist und Wissenschaftskritiker Erwin Chargaff, „stumpf gemacht durch das einschläfernde Gelalle der Erklärungswissenschaften", sei „der Wirklichkeit nicht mehr gewachsen". „Sie ist nämlich einfach wie am ersten Tag." Und: „In der Nacht, in der wir leben, sind wir dankbar für Belsazars Leuchtbuchstaben. Aber sie verkünden nichts Gutes. Eins steht fest: Wer die Zukunft retten will, muss diese Gegenwart zerbrechen" (Aus: „Kritik der Zukunft", Stuttgart 1983, S. 101 und S. 95).

Jochen Kirchhoff, Berlin, im April 1987 und im Juli 1990

(Der Abdruck erfolgt mit freundlicher Genehmigung der edition dionysos in Berlin.)

Anmerkungen

1 Goethe, Faust. Leipzig 1911, S. 187/188
2 Gottfried Benn, Prosa und Szenen. Wiesbaden 1962, S. 281/282
3 Erwin Chargaff, Über das Lebendige. Stuttgart 1993, S. 151
4 Harro Heuser, Der Physiker Gottes. Freiburg 2005
5 Hans-Dieter Radecke/Lorenz Teufel, Was zu bezweifeln war. Die Lüge von der objektiven Wissenschaft. München 2010, S. 138
6 Radecke/Teufel, ebd. S. 159
7 Chargaff, ebd. S. 226
8 Hermann Schmitz, Der Spielraum der Gegenwart. Bonn 1999, S. 16
9 Peter Janich, Kein neues Menschenbild. Frankfurt/M. 2009, S. 77/78
10 Benn, ebd. S. 240
11 Helmut Friedrich Krause, Vom Regenbogen und vom Gesetz der Schöpfung. Berlin 1989, etwa im 3. und 4. Teil, S. 121 ff. und S. 173 ff.
12 Krause, ebd. 3. und 4. Teil u. a.
13 „Der Spiegel“ 3/2008, S. 121
14 Radecke/Teufel, ebd. S. 138
15 Helmut Friedrich Krause, Der Baustoff der Welt. Berlin 1991, S. 46/47 und meine Kommentierung, S. 101 bis 103
16 Hans Jörg Fahr, Der Urknall kommt zu Fall. Stuttgart 1992. Kritisches zum Urknall auch bei Radecke/Teufel, ebd. S. 135
17 „Der Tagesspiegel“, Ausgabe vom 6. 4. 2000
18 Stefan Heym, Das kosmische Zeitalter. Berlin 1959, S. 89/90
19 Richard Wagner, Die Musikdramen. München 1981, S. 616
20 Krause, Vom Regenbogen, ebd. S. 162 ff.
21 Alexander und Edith Tollmann, Und die Sintflut gab es doch, München 1993. An mehreren Stellen.
22 Erwin Chargaff, Vorläufiges Ende. Stuttgart 1990, S. 31
23 Chargaff, ebd. S. 57/58
24 „Der Spiegel“ 3/2005, S. 130
25 ebd.
26 Walter Theimer, Die Relativitätstheorie. München/Bern 1977, S. 82
27 Max Jammer, Der Begriff der Masse in der Physik. Darmstadt 1974, S. 183
28 „raum & zeit“ 137/2005 S. 93–95
29 Hermann Schmitz, Der Leib, der Raum und die Gefühle. Stuttgart 1998. (Eine knappe Gesamtdarstellung der Phänomenologie des Leibes, von Hermann Schmitz)
30 Erwin Chargaff, Segen des Unerklärlichen. Sonderdruck aus der Zeitschrift „Scheidewege“. Jahrgang 23, 1993/94, S. 1
31 Marie-Louise von Franz, Zahl und Zeit. Stuttgart 1990. S. 41/42
32 Ervin Laszlo, Weltwende 2012. Berlin/München 2009, S. 171
33 Krause, Vom Regenbogen, ebd. an mehreren Stellen des Werks, u. a. S. 188
34 Marcus du Sautoy, Die Musik der Primzahlen. München 2007 S. 44 ff.

35 Ernst Jünger, Zahlen und Götter. Stuttgart 1974, S. 20, 36/37 und 94

36 Wilhelm Capelle, Die Vorsokratiker. Stuttgart 1963, S. 477/478

37 Erwin Chargaff, Ein zweites Leben. Stuttgart 1995, S. 104